# 國際禮儀
# 完全指南

讓你輕鬆成為禮儀達人！ 第三版

梁崇偉 編著

全華圖書股份有限公司

# 三版序

## 迎接全人涵養「禮儀力」新時代的來臨

禮儀，從人類有文明生活以來，即不斷的演進，時至今日，一直是群體之間及人與人之間，所共同遵守的行為規範和準則。「禮儀」扮演著「橋樑」般的溝通工作，所擔任的角色十分重要，作者個人從事國際禮儀與禮賓實務工作已逾二十多年，正是擔任這個伸開雙臂的「搭橋者」，除了累積豐富的實務經驗之外，本身更潛心研究國際禮儀、商務禮儀等等有關的課題與相關範疇，希望更進一步能結合理論與實務，對於禮儀知能、禮賓工作、公關事務與國際交往活動，整理出多年的看法與心得。

寫作這本書的動機，其實是呼應社會各界對禮儀知識與禮賓工作的殷切需求之下所促成的。長年以來，在工作上有機會接觸各界訪賓與人士，向我提出種種的禮儀問題，由於時間所限，很難一一回答詳盡；多年來也常獲政府機關單位、大專院校科系與社團的演講邀約，也曾經擔任大專院校國際禮儀學期課程講座教師，但深感「國際禮儀」面向可廣可深，又因為此門學問常因應時代的變遷而與時俱進，而欲傳授與探討的內容無法全面深廣，只能重點式與啟發性的傳達，心中仍感到些許的遺憾，一來只能點到為止的分享，二則無法有系統的講授，對於「禮儀學」推展，深深覺得自己的貢獻實在有限。

目前國內大學院校的正規學程中，有開課講授「國際禮儀」者，多屬觀光與餐飲等相關科系，列為國家考試者，則有專技人員中的導遊與領隊考試。實際上，有關禮儀知識應該為現今所有的公民所熟知，而在公務與商業上，更是一種除了專業之外的必備涵養，如果再將「禮儀」進一步實際應用在工作中，便成為廣義的「禮賓」工作，除了公關人員、秘書、幕僚等等職務必須具有「禮賓」知識，一般職場上的上班族，也需要修煉「商務禮儀」與「禮賓工作」的能力，而這些多半都是學校所不會教的專業知識，卻又是當今職場上相當重要的工作，甚至成為成敗的關鍵。鑑於現今出版市場上有關於「國際禮儀」叢書為數不少，通篇理論或內容繁雜，編排綱要與內容結構也頗多雷同。因此，作者個人長久以來有一個疑問與思考：

　　國際禮儀專書該如何選定方向與精選內容，才能提供成為大專院校開設國際禮儀課程的教科書？又該納入如何的禮儀素材與實用知能，才能使教師能教、學生願學的一門課程？

　　因此，本書特別針對在學學生以及對國際禮儀有興趣的職場人士設計本書的章節內容，包括職場形象塑造、儀容穿著禮儀、稱謂禮儀、介紹禮儀、名片禮儀、交通禮儀、電話禮儀、文書禮儀、會議禮儀、餐宴禮儀、餽贈禮儀、育樂場合禮儀、會議禮儀、公務拜訪禮儀及面試禮儀，已涵蓋人際關係中應對進退與職場上所必須具備公商務禮儀的內容，以實用為導向，分享作者綜整國際禮儀工作的實務經驗；此外，因應當前產業發展最新的趨勢增加「會展及服務禮儀」，讓禮儀知能更加貼近商務活動的服務需求，因此，本書全方位的規劃內容可說是大專學生與現代職場人士的「必修課程」，本書每篇內容與章節中，也按實際需要規劃了「知識分享」、「實務案例研討」、「禮儀便利貼」等設計，讓讀者在扉頁段落與字裡行間中，也能獲得更多知識並加深印象。

　　本書從構思醞釀、資料蒐集整理到撰寫，前後歷經許多次的核稿修改、定稿後，終於付梓問世，多年來有幸承蒙大專院校國際禮儀課程授課教師採用及各界人士的迴響，得以三版問世實屬榮幸！「禮儀學」在現今社會中已逐漸獲得重視與光大，但願此書的出版，能在這個過程中略盡綿薄之力，個人亦與有榮焉！

作者 梁崇偉

於臺北　2023 年 11 月

# 目錄 ————————————————————————————

# 本書架構指引

5. 收到對方的名片時，不可馬上收進口袋、皮夾或公事包中，會讓人感覺不受到重視，應該以雙手恭敬的接下，手的位置也不要太低，仔細看過對方名片的內容之後，再複誦對方姓名與職稱，配合「請隨時聯絡指教」等敬語，再謹慎收妥。

6. 名片如同職場上的身分證，因此，「名片禮儀」的第一要務，就是養成隨時攜帶足量名片的習慣，並且放在名片夾之中，能夠隨時迅速取用遞給對方，甚至在出席某些人數眾多的正式場合，例如大型會議、晚宴與商務拜會時，還必須加量準備，以避免名片不足的尷尬情況。

介紹與
名片禮儀

總而言之，名片禮儀中的遞送與收受，都是一種很自然的動作，基於「禮尚往來」的原則就好。但仍須謹慎考量是否真的有要求對方名片的必要性，以免對方有所疑慮而產生遲疑的情況。就名片禮儀的原則而言，基本上不宜向對方請求，特別是對於地位或職位比自己高的人士或女性。若因業務所需，希望得到對方與聯繫管道，建議的方法如下：

1. 禮尚往來：先遞出名片，對方基於禮貌，多半也會回給你一張名片。

2. 禮貌請求：「您好！我是○○公司副理○○○（同時自己先遞出名片）惠賜一張您的名片，方便聯絡與請教？」。對方願意的話就沒問題，如有些託詞，例如：「不好意思，剛才用完了⋯⋯」、「抱歉，剛好沒帶名片⋯就要知趣的轉開話題，不強求對方留下聯絡方式。

3. 言談暗示：例如於短暫交談後告知對方：「對於業務將來會有再次接觸的機會，

## 穿插影片 QRcode

各章有許多 QRcode 可供讀者以行動裝置掃描，立即連結網頁參考資料及示範影片。

---

禮儀上最大的不同之處。

2. **物件不宜太大**：配飾是附屬角色，純粹點綴性質，小而精美才是適當。

3. **不要發出聲響**：會互相撞發出聲音的配飾，不適合於工作場合出現。

### 禮儀小筆記

若你所服務的公司單位有製作精美的「領章」，也可以別在西裝或套裝的外套左方衣領領面上，這就具有代表服務單位的象徵。一些民間社團組織的成員（例如獅子會、扶輪社、青商會、同濟會等）也會有領章作為成員的識別象徵。有時這種精緻的領章，在公商務場合上也會成為一種致贈賓客、相互交誼的紀念品，相當具有意義。

際場合各式通用正式服裝

際間許多隆重場合上，男女皆有多種正式服裝，正式活動的辦理通常請函或邀請卡（Invitation），請柬裡面多會附註服裝穿著（Dress Code出席者可依據主辦單位對服裝的要求，來選擇適合的穿著與裝扮。以下合男女常見的服裝與要點整理：

## 禮儀小筆記

將國際禮儀的重要概念，利用書籤做深入淺出的解說。

**禮儀新視野　國際禮儀中蘊含的「騎士精神」**

　　本章節討論到禮儀的起源與演進可知，國際禮儀的濫觴與出發是從羅馬帝國開始，都是源於宮廷文化，隨著時代的演進與國際間頻繁的交流，逐漸形成一套國與國之間的外交程序與儀式，下至人與人之間表示誠懇、友好，以及表現個人與所屬團體的氣質與風範的作法，當深究各種禮儀的規範，可以發現其蘊含深厚的「騎士精神（Chivalry）」。

　　「騎士精神」可以追溯到中古世紀（the medieval times），各王國騎士皆須秉持一種騎士道德（ideals of knightly virtues）、榮譽（honor）及典雅式的愛情（courtly love），而 Chivalry 這個英文是來自於法文的「chevalerie」。簡單說，就是濟弱扶傾、勇敢正直、保護老幼且禮遇女士。因此，這種「騎士精神」就是形容溫文儒雅、有禮貌的態度，特別是對於女士的禮貌舉止。所以現代的社交禮儀，處處表現了中古時代傳承至今的「騎士精神」。

例如：

※ 女士優先（lady first）。

※ 為女士開車門、拉椅子就座。

※ 乘車時，女士先上車，下車時男士先下，幫忙女士開車門。

※ 行於路上時，靠車道的一邊給男士走，以保護女士的安全。

※ 上下樓梯時，男士居於下方，萬一女士不慎跌倒，則可以擋住與立刻扶持。

※ 男女伴（夫妻）間行進，常常是男士以左手臂給女伴右手挽著，也是源自於□□精神，讓男士空出右手能隨時保護女士，與一般的「尊右原則」無關。

　　所以，在禮賓次序（座次）上的原則，除了尊卑、長幼等原則，還必須保護女□並且禮讓女士尊在前，對於「提倡女權」的現代社會，這早就不是新鮮事，遠在□□世紀就有了這個觀念，不是嗎？

## 禮儀新視野

新潮的觀念、國際軼事、實務範例等資訊，提供讀者多元化的新知，豐富學習視野。

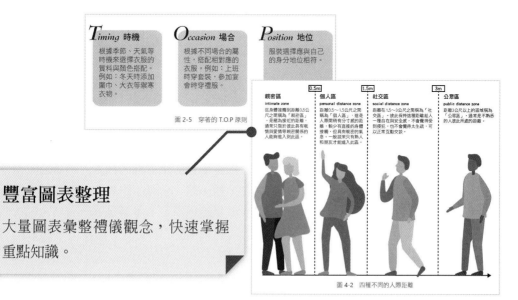

$T$iming 時機
根據季節、天氣等時機來選擇衣服的質料與顏色搭配。例如：冬天時添加圍巾、大衣等禦寒衣物。

$O$ccasion 場合
根據不同場合的屬性，搭配相對應的衣服。例如：上班時穿套裝，參加宴會時穿禮服。

$P$osition 地位
服裝選擇應與自己的身分地位相符。

圖 2-5　穿著的 T.O.P 原則

|0.5m| |1.5m| |3m|

**親密區**
intimate zone
從身體接觸到距離0.5公尺之間稱為「親密區」，是極為接近的距離，通常只容許彼此具有親情與愛情等親密關係的人能與進入到此區。

**個人區**
personal distance zone
距離0.5～1.5公尺之間稱為「個人區」，這是人際間稍有分寸感的距離，較少有直接的身體接觸，但具有親密的氣息。一般說來只有熟人和朋友才能進入此區。

**社交區**
social distance zone
距離在1.5～3公尺之間稱為「社交區」，彼此保持距離較能以一種自在與安全、不會覺得受到侵犯，也不會覺得太生疏，可以正常互動交談。

**公眾區**
public distance zone
距離3公尺以上的區域稱為「公眾區」，通常是不熟悉的人彼此所處的距離。

圖 4-2　四種不同的人際距離

## 豐富圖表整理

大量圖表彙整禮儀觀念，快速掌握重點知識。

ETIQUETTE

**研讀本章，你可以瞭解**

1. 禮儀的定義與內涵。
2. 禮儀在歷史中的演進。
3. 禮儀的分類。
4. 禮儀的真正精神。
5. 禮儀的基本三原則。
6. 現代國際禮儀的定義與範疇。

**引言**

以社會科學的研究與學習而言，瞭解一門科目的基礎定義與歷史演進，可以得知原則及規範的由來、功能與目的；以學習國際禮儀來說，瞭解其基本定義與歷史演進，亦得以探究來源、沿革及在當今國際社會中的實務應用。若能熟悉禮儀知能而內化於心，在生活與工作上的應對進退與舉止都能合宜且自然表現出風範。因此，在學習國際禮儀的開始，不妨用一種「綜觀」且「全覽」的角度，掌握國際禮儀的精神與原則，不論是哪一種場合的禮儀應用，都能表現出良好的舉止與態度。

## 1-1 禮儀的意義

「禮儀」，英文為 Etiquette，此字源自於法文的 étiquette，原意是指宮廷間的儀式、禮節，是當時流行於歐洲王公貴族間的舉止儀節，也是一種不成文且彼此約定俗成的規則，約在西元 1750 年時轉用而出現英文字。

禮儀有許多相關的名詞，一一列舉如下：

· **禮節（Formality）**：在正式社交場合，交際應對相約成俗的共識與習慣。

· **儀典（Ceremony）**：正式的儀式，多屬莊嚴隆重的大場面。

· **國際禮儀（International Etiquette）**：國際社會日常生活中，相互往來所通用的禮節，這種禮節是多年來根據西方文明國家的傳統禮俗、習慣與經驗逐漸融合而成，而為大部分人士所接受與通用的。

· **禮貌（Courtesy/Manners）**：人際交往時，所展現之雍容和善的態度與行為舉止。

· **禮賓（Protocol）**：禮待賓客。protocol 一詞源自希臘文，原具有「協定」的意涵，代表正式的、專業的、標準化的，以及儀式化的，後引申為國家與國家之間表示敬意和友好，而發展出一整套的禮儀規範和行為準則。

在英文裡，禮儀也有其他的字來表達其義，例如 Decorum、the Propriety、Decency 等，都含有禮儀的意義。

## 1-2 禮儀的演進歷史

現代社會的禮儀規範，其實是人類歷史文明不斷演進的結果，也是長久以來在社會文化生活，乃至於國際交往中不斷發展、演變並普及為眾人所接受的一套互動方式。在中國歷史上，周公為周朝制訂了各種典章制度，即所謂《周禮》，要求諸侯遵行，這是禮儀歷史上初步完備的時代，為以後中國歷代王朝的禮儀規範奠定了基礎。之後孔子的儒家學說更進一步強化了「禮」在封建統治中的地位，並成為中國文化傳統中的一個重要的內容。在古代的社會中，「禮儀」是一統治手段，也是必須約定與遵守的行為規範。

在西方世界，禮儀一詞指上流社會中的行為規範、宮廷禮儀，以及官方生活中的公認準則。相反地，統治階級將庶民百姓繩之以「刑」（法律、刑律），僅要求人民遵循統治階級的法律就可以了，王公貴族等統治階層則約之以「禮」，所謂「刑不上大夫，禮不下庶人」，正是這個觀念思想的最好註解。

自從大航海時代（約 15 世紀至 17 世紀時期）起，歐洲的船隊為了尋找新的貿易路線和貿易夥伴，出現在世界各處的海洋上，以發展歐洲新生的資本主義。伴隨著新航路的開闢，東西方之間的文化、貿易交流開始大量增加，國與國之間政治、經濟的交流與接觸也隨之頻繁。為了調和利益衝突，及維繫各國國家與君王的尊嚴與榮譽，便形成了一套各國之間都能接受的一套程序（procedure）或儀式（protocol），作為雙方或多方接觸交往時的規範，這便是所謂國際禮儀（International Etiquette）的由來。然而必須注意的是，這個定義較為嚴謹而狹義，是偏向於所謂「外交禮儀」的定義。

### 禮儀小筆記

外交禮儀是規範國與國之間來往的禮節、儀式、使節、禮遇、豁免等，特別是在 1961 年 4 月 18 日各國所簽訂的「維也納外交關係公約」（Vienna Convention on Diplomatic Relations），明確規範各國執行外交任務所需之外交特權及豁免權。

西方文藝復興後，禮儀的規範與制定由義大利傳入法國及歐洲各國。法國在 16 世紀是宮廷禮儀確立並盛行的時代，而在 17 世紀末法國大革命後，這些宮廷禮儀的習慣由原來的貴族流傳出來，中產階級也開始學習其中的方式而加以沿用，以此彰顯自身的地位。

到了 18 世紀英國維多利亞（Victorian）時代以後，禮儀逐漸發展成熟。再隨著英國海上霸權的興起，英國的文化習慣也隨著殖民者的腳步，逐漸擴及被殖民的國家及地區。而此時所謂的「禮儀」，仍然是屬於貴族與富人等上流社會階級專屬的行為規範與模式。

在美國脫離英國獨立建國之後，前往新大陸的移民大部分來自英國中下階層，只有少部分是上流階層。原本通行於上階層生活的禮儀，逐漸擴及至新大陸社會的各階層，脫離貴族富人專有的行為方式。接下來，隨著美國國力的強大，文化與經濟上強勢影響全世界，現今通行的國際禮儀，就是在這淵遠流長的文化嬗遞中，不斷的修正與簡化後，廣為大部分地區的人士所廣為接受且通用，成為彼此交流的行為準則。

總而言之，禮儀就是人們在生活、溝通與交往各種的活動中，所共同認可且一致遵循的社會規範與可接受的行為模式。

## 1-3 禮儀的分類與特性

### 一、傳統禮儀的分類

中國的禮儀最早可追溯到《周禮》，《周禮》中就有將禮儀分為「吉、凶、軍、賓、嘉」五類，是為「五禮」（表 1-1），此種分類也被後續朝代的禮儀學家沿用。

表 1-1　中國古代禮儀的分類

| | |
|---|---|
| 吉禮 | 指祭祀之禮，是國家的要事之一，故列五禮之首，例如祭拜天上神明的天神祭、祭拜土地神靈的地祇祭與祭拜祖先先賢的人鬼祭等。 |
| 凶禮 | 指一般的喪葬儀式，或是對天災人禍的祭悼，例如喪禮、荒禮、吊禮、禬禮、恤禮等。 |
| 軍禮 | 指戰爭相關的儀式，或者是需要動員大量人力的活動，例如出師、田獵、建造城邑等。 |
| 賓禮 | 指諸侯對王朝的朝見，或諸侯之間會見的儀式，例如朝見、覲見、蕃王來朝禮等。 |
| 嘉禮 | 包含的面向較複雜，一些民俗活動、慶典等儀式皆屬之，例如婚禮、冠禮、饗燕、立儲等。 |

## 二、現代禮儀的分類

　　現代的禮儀依照不同的場合，可以分為外交禮儀、公務及商務禮儀、接待服務禮儀、民俗禮儀與生活禮儀五大類（表 1-2）：

表 1-2　現代禮儀的分類

| 外交禮儀 | 國際間往來互動的禮儀，特性為層級高、具嚴謹的儀式性。 |
| --- | --- |
| 公務及商務禮儀 | 與公司人員、商業來往上事務相關的禮儀。 |
| 接待服務禮儀 | 一般活動中（如宴會、會議、展覽等）與接待服務相關的禮儀。 |
| 民俗禮儀 | 民俗儀式（如婚喪喜慶相關活動等）與宗教祭祀相關的禮儀。 |
| 生活禮儀 | 生活上各種事務（如社交、乘車、通訊、贈禮等）相關的禮儀。 |

## 三、禮儀的特性

　　禮儀的特性可分為規範性、普遍性與多樣性三種（表 1-3）：

表 1-3　禮儀的特性

| 規範性 | 規範性是禮儀最基礎的特點，透過長久以來約定俗成的模式來規範人的語言表達與行為表現。 |
| --- | --- |
| 普遍性 | 現今的禮儀已不再是貴族獨有的行為規範，而是普羅大眾皆適用的法則。日常生活中的一切活動都有禮儀的存在，是被普遍接受的準則。 |
| 多樣性 | 禮儀的面向與種類繁多，舉凡食衣住行育樂等皆有其禮儀；禮儀的表現形式也非常多樣，例如對他人行禮就有鞠躬、握手等表現形式。 |

### 禮儀小筆記

禮儀產業與生活中各種產業都有密切的關聯，舉凡飯店業、航空運輸業、禮品業、花店、印刷業等，都會接觸到禮儀相關的事務，如接待服務、公務贈禮等；實務上也有許多禮儀相關的專業工作，例如專業禮賓人員、活動司儀、殯葬禮儀人員等皆屬之。

## 1-4 禮儀的精神

禮儀的精神具體說來，主要有以下兩點：

### 一、與人為善、誠懇為上

「善意」指出自內心的誠意，是「誠於中」而「形於外」，而不是巧言令色和徒具形式的繁文縟節。如果表面上恭敬熱情而內心虛偽，或是僅僅心中存有敬意而不敢表達，或是做出不適當的表現，都是不符合禮儀的精神。禮儀的真意，追求的是「表裡一致」，也就是「發乎情，止乎禮」。簡言之，就是心存善意、內心誠懇，再以禮儀的方式表達出來。因此，禮儀只是「形」，心中誠懇方為「體」。

### 二、平等互惠、禮尚往來

這是禮儀重要的準則，人與人之間的相處猶如在天平的兩端，對等關係互敬互重，相互間的關係才能平衡，在接受別人的好意時，要以同樣的禮節敬意來對待。

就現代「禮儀學」的學術研究中，英國學者李奇（Geoffrey Leech）曾提出「**禮貌六原則**」（**the Politeness Principle**）[1] 應用在口語的表達上：

1. **得體準則**（tact maxim）：表達方式適當與恰當好處，不過度也無不及。

2. **慷慨準則**（generosity maxim）：不吝惜給予自己所擁有的。

3. **讚譽準則**（approbation maxim）：對人多加讚美、給予肯定。

4. **謙遜準則**（modesty maxim）：勿過度自大，保持謙和的態度為上。

5. **一致準則**（agreement maxim）：以相同的態度與標準處理事務，人與人之間的互動也有相同的共識，保持彼此間的平衡。

6. **同情準則**（sympathy maxim）：站在對方的立場上思考，設身處地的為對方來著想。

以上的六項準則，剛好說明了「禮儀精神」實際表現的方法與原則。

---

1：Principles of Pragmatics, New York：Longman Group Limited, 1983

## 1-5 禮儀學核心行動

　　初學禮儀的讀者可能會問：「學習禮儀真的有這麼難？真有這麼多需要注意的地方？」其實對於禮儀實務來說，屬於「原則」上的規範居多，不一定要墨守成規，必須配合人、事、時、地、物的特殊情況，再加以調整與隨機應變。因此，禮儀知識實際運用在生活及職場上，是必須加以靈活運用的。

　　就前面提到許多禮儀初學者的疑問，本書的回答是：對於禮儀上的應對進退，只要把握「**避忌原則**」、「**跟隨原則**」與「**易位原則**」三大原則（圖 1-1）就沒錯！

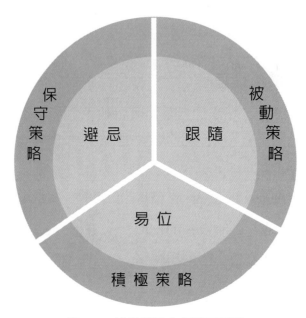

圖 1-1　禮儀學核心行動三原則

## 一、避忌原則

　　在社交與公商務禮儀上，「禮儀」是用來表達關懷友善的方式與工具，就積極面來說，可以爭取對方的好感以及獲取對方的認同，像是活動的辦理往往會考量主賓的喜好，致贈的對象是否喜歡某一方面的物品，或者是某一種類的食物與口味，這些準備常常讓人傷透腦筋，「投其所好」也是一種需要花心思的「藝術工作」！做的好，便會有加分的效果。

但對一般職場人士來說，實在無法像從事禮賓禮儀工作者一樣專精，該如何抓到訣竅？先求「不失禮、不失分」即可！這就是所謂的「避忌原則」。避忌原則按照字面來解釋，就是指**最起碼要做到「避開對方所不喜歡的、有忌諱的」**。若只是一味的迎合對方某方面的喜好，卻忽略了必須避開的「地雷區」，即使禮貌再周到、功夫做再好，只要踩到了「紅線」，所有的努力都將被抹煞。

以「送禮」為例，不同的文化背景與宗教信仰都有各自的禁忌，因此在面對不同對象時，就需要特別注意送禮禁忌（表 1-4）：

表 1-4　不同對象的送禮禁忌舉例

| 對象 | 禁忌 |
|---|---|
| 華人 | 送禮忌諱鐘、傘、扇、刀等物品；忌諱白色與數字 4。 |
| 日本人 | 祝賀結婚不可送鏡子；祝賀喬遷不可送與火相關的物品；忌諱數字 4 與 9。 |
| 回教國家 | 忌諱豬肉製品、酒類等宗教上的禁忌物品。 |

總的來說，在禮儀實務上，對方討厭的與習俗上的禁忌，就絕對沒得商量，犯了禁忌就是非常失禮的事情。因此，在行動上目標是追求不犯錯，這就是採取避忌原則的「保守策略」。或許我們無法在初學時就對禮儀知識全盤掌握，在實務工作上盡善盡美，但是只要把握避忌原則，不失禮就不失分！

## 二、跟隨原則

在商務場合上，尊卑的次序是以「職位高低」為主要考量。因此，在應對進退之間，除了一些基本的禮儀之外，可以仔細觀察主人、主賓或是大多數人，彼此之間所採取的互動方式，最保險的方法便是跟著做，**對方怎麼表示，就以同樣的辦法回應。俗話說：「禮尚往來」，這句話也符合了禮儀學中的「跟隨原則」**。

舉例來說，像是行禮的方式，對方主動伸出手，就可以同時伸出手握手；如果置身於歐美國家，有時對方熱情與你擁抱，你也可以跟著以擁抱回禮；假設在拉丁美洲，有位熱情的女士與你行吻頰禮，亦可大方與之回禮；又如在餐飲宴會場合，就座、敬酒等動作，也可觀察與跟隨主人的行動來決定舉止。有時主人或是主賓，舉止或許不是那麼合乎禮儀上通行的原則，但是基於現場的狀況與氣氛，不需要墨守成規，只要無傷大雅，也可稍做變通隨之配合，略作彈性應變是為了不要讓彼此尷尬。在禮儀的行動策略而言，「跟隨原則」就是一種「被動策略」。

---

**歷史趣談**

清代李鴻章出使德國時，有次應德意志帝國鐵血宰相俾斯麥（Otto Eduard Leopold von Bismarck，1815 ～ 1898）邀請前往赴宴，席間在吃水果之後，侍者上了一碗洗手水，李鴻章不明就裡，就把洗手水端起來喝。俾斯麥為了不使李鴻章出醜難堪，也將洗手水一飲而盡，其他與宴賓客只得忍笑奉陪。這個出洋相的歷史案例，分析起來，如果李鴻章當時懂得「跟隨原則」，面對桌上那一碗水，便可以採取「一動不如一靜」的策略，看看主人怎麼做、觀察其他人行動，便不至於鬧了笑話；反觀俾斯麥，為了不讓李鴻章難堪，反倒採取了「跟隨原則」，將錯就錯，目的是不讓賓客困窘，這便是發揮了主人的待客藝術。所以說，真正將禮儀實際應用在工作與社交場合，何必墨守成規？請記得「禮儀」只是一種表達友善與相互溝通的「工具」，本身並不是目的，還需視實際狀況靈巧活用。

---

## 三、易位原則

前面介紹的避忌原則與跟隨原則屬於保守的策略，然而，禮儀的表達還有積極正向的另一面，目的是為了「榮耀」對方，使對方不僅受到尊重，更能感受禮遇。這種積極正向的禮儀，常透過一些儀式表現出來，經常運用在外交禮儀與國際榮典上，透過禮賓（Protocol）工作來落實給予禮遇對象的尊榮。如果引用心理學家馬斯洛（Abraham Harold Maslow）的「人類需求五層次理論」（Maslow's Hierarchy of Needs）來印證**國際禮儀對人類社會的心理上的重要性**，便可知「國際禮儀」的行為原則規範與模式，是滿足人類較高的「尊重」甚至「自我實現」層次的心理需求（圖 1-2）。

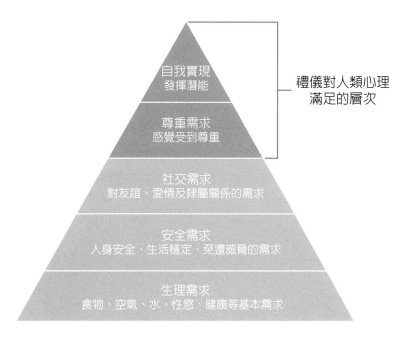

圖 1-2　禮儀可滿足人的尊重及自我實現需求

　　因此，想給予對方榮譽，就必須進一步站在對方的立場思考。如果想要尊重對方，進一步禮遇對方，必須換個立場考慮：什麼是對方在意的？例如：期待被對待的方式、被稱呼的頭銜、行禮的方式、被接待的規模、是否能給予便利等面向，而此種站在對方立場（put oneself in someone's shoes）來考量的心態，便是國際禮儀的核心價值，也是國際禮儀「易位原則」意義之所在，在禮儀的行動策略而言，「易位原則」就是一種「積極策略」。

## 1-6 現代國際禮儀的定義與範疇

### 一、現代國際禮儀的定義

　　「國際禮儀」就是對於全世界人與人之間日常生活與各種往來場合中，基於「雙方平等」、「相互尊重」的原則下，為了表示敬意與友善，所採行的共同行為模式。此行為模式透過相互通用與理解的行為表達或特定儀式，使彼此都能感受到尊重與善意。

禮儀不只是目前普羅大眾所認知的禮儀，事實上是屬於更深廣的學科，層次上也有所不同，可提升至相當嚴謹的「國際外交禮儀」（用字遣詞、儀式典禮都必須謹慎）。因此，禮儀學其實是一門相當嚴謹與跨多重領域學科的學問，更是一門實際應用的學科。

## 二、現代國際禮儀的範疇

　　國際禮儀的範疇很廣，其中的分野與相互涵蓋關係表現如下（圖 1-3）：

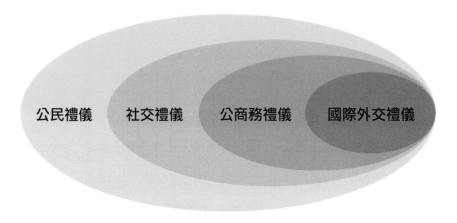

圖 1-3　國際禮儀學範圍

　　由圖 1-3 可看出各種禮儀範圍的相互組成與包含的關係。例如：公商務禮儀是奠於公民禮儀的基礎上，再更進一步具有社交禮儀的知識，運用在辦公室與各種商務場合，對象包括上司、下屬與同僚，向外擴及其他單位與公司的人員，甚至是民眾與客戶。除了國內的人士之外，如果在商場上還包括外國人士，這就必須更進一步的往「涉外禮儀」領域發展知能了。

　　本書所討論的範圍，就是針對國際間人與人相互之間的往來、職場以及私人生活必須具備的禮儀規範與涵養所發展出的討論，不論從事何種行業，也不論職位高低，作為職場中的一份子，都是成為現代公民必須要具備的知識與能力。

　　只要每個人都能在生活上進退有節，在專業領域上發揮長才，再加上本書所討論的各項禮儀要點，你也可以是處處受到歡迎的「禮儀達人」了！

## 禮儀新視野　國際禮儀中蘊含的「騎士精神」

　　本章節討論到禮儀的起源與演進可知，國際禮儀的濫觴是從羅馬帝國開始，源於宮廷文化，隨著時代的演進與國際間頻繁的交流，逐漸形成一套國與國之間的外交程序與儀式，下至人與人之間表示誠懇、友好，以及表現個人與所屬團體的氣質與風範的作法。若深究各種禮儀的規範，可以發現其蘊含深厚的「騎士精神（Chivalry）」。

　　「騎士精神」可以追溯到中古世紀（the medieval times），各王國騎士皆須秉持一種騎士道德（ideals of knightly virtues）、榮譽（honor）及典雅式的愛情（courtly love），而 Chivalry 這個英文是來自於法文的「chevalerie」。簡單說，就是濟弱扶傾、勇敢正直、保護老幼且禮遇女士。因此，這種「騎士精神」就是形容溫文儒雅、有禮貌的態度，特別是對於女士的禮貌舉止。所以現代的社交禮儀，處處表現了中古時代傳承至今的「騎士精神」。例如：

・ 女士優先（lady first）。

・ 為女士開車門、拉椅子就座。

・ 乘車時，女士先上車，下車時男士先下，幫忙女士開車門。

・ 行於路上時，靠車道的一邊給男士走，以保護女士的安全。

・ 上下樓梯時，男士居於下方，萬一女士不慎跌倒，則可以擋住與立刻扶持。

・ 男女伴（夫妻）間行進，常常是男士以左手臂給女伴右手挽著，也是源自於騎士精神，讓男士空出右手能隨時保護女士，與一般的「尊右原則」無關。

　　所以，在禮賓次序（座次）上的原則，除了尊卑、長幼等原則，還必須保護女性，並且禮讓女士，對於「提倡女權」的現代社會，這早就不是新鮮事，遠在中古世紀就有了這個觀念，不是嗎？

Chapter

# 02

## 形象塑造
## 與管理

### 研讀本章，你可以瞭解

1. 形象塑造的定義與重要性。

2. 第一印象的 7-38-55 規則。

3. 個人儀容的基本原則。

4. 服裝穿著的「T.O.P」原則。

5. 職場裝扮穿著的五大原則。

6. 男女在職場上的合宜服裝穿搭。

7. 行業與公司組織形象的定位與管理。

### 引言

人與人見面第一眼，會打量對方的外在儀表，在內心根據自身經驗形成一種預先的判斷與評價，這就是「第一印象」（First impression）。假如你給對方的印象是正面的，對方也會較能放下戒心，正面的好感也會使彼此的溝通有良好互動。

本章節特別對職場形象的塑造加以詳細說明，闡釋個人在服裝儀容上該把握哪些基本原則，才符合應有的裝扮禮儀，讓人感覺舒適、符合職業與身分，進一步彰顯個人特質與魅力，並具體講解行業與公司形象該如何定位。

## 2-1 形象塑造的定義與重要性 ——————————

### 一、形象塑造的定義

　　一個人的形象是透過儀容、儀表、儀態和溝通所組成，**從上到下、從頭到腳，包括容貌、穿著、舉止、姿態、以及表現出的風度等皆屬之**。在公務、商務以及一般的社交場合，一個人的儀表不但可以表現他的神色與氣質，同樣也可以反映出一個人的審美觀與自我欣賞的角度。

　　而所謂的「**風度**」與「**涵養**」，則是一個人進一步以「**動態**」的方式，用眼神、笑容、肢體動作，以及談吐、用字遣詞來表達出個人內在的性格、氣質、**學識、邏輯思考方式**，這種良好的「**個人風度**」便是一種整體性的「**形象塑造**」。一個人在清楚瞭解本身的優缺點與個人特質之後，經過長期的培訓和修煉，修正自己的外表、談吐表達與肢體動作的缺點，增進個人獨特的氣質與加強原本的優點，便可稱之為「形象管理」。

　　總而言之，形象塑造與形象管理兩者相輔相成，充分瞭解自己所處的現狀及本身的優缺點，再來為自己定位，想要在別人眼中建立起怎樣的印象，這便是形象塑造的目標，使自己的「內在美」透過「外在美」表現出來。

### 二、形象塑造的重要性

　　不論是日常還是職場上，人際之間接觸最先觀察到的，便是一個人的「外在儀表」。第一眼的印象極為重要，因此塑造良好的形象也是十分重要的禮儀概念。

　　1957 年美國心理學家盧欽斯（Abraham Luchins）進行了一個實驗發現了「首因效應」（Primacy Effect）。盧欽斯把受試者分成 4 組，分別用不同的內容向他們描述一個陌生人的形象：

第 1 組受試者：得到「性格外向」的相關描述。

第 2 組受試者：得到「性格內向」的相關描述。

第 3 組受試者：先得到「性格內向」的相關描述，再得到「性格外向」的相關描述。

第 4 組受試者：先得到「性格外向」的相關描述，再得到「性格內向」的相關描述。

接收完關於陌生人的相關描述後，盧欽斯讓 4 組的受試者分別表達這個陌生者的性格印象。實驗結果顯示，第 1 組與第 2 組皆依照其接收到的描述，將陌生人的性格分別評斷為外向與內向；而第 3 組中大多數的受試者認為陌生人的性格內向，第 4 組中大多數的受試者則認為陌生人的性格外向。

此外，根據美國心理學家麥拉賓（Albert Mehrabian）[1] 的研究中指出，在一定的環境與特定情況之下的實驗結果，存在著「7-38-55 規則」（7%-38%-55% Rule）（圖 2-1），也就是在人際溝通中，就個人所論及**對某人的整體印象**，是由 **7%** 的「**言詞內容**」（**Verbal Liking**），加上 **38%**「**聲音等說話方式**」（**Vocal Liking**），再加上 **55%** 的「**外表印象**」（**Visual, Facial Liking**）所構成的。

由以上的研究可知，訊息傳遞的先後，會影響對一個人的印象判定，第一印象比起後續產生的印象，具有更高的影響力，且外表印象比起言談對印象的行程影響更大。因此，在人際往來的過程中，與他人初次見面時，一定要留意給人美好的外表印象，這也是形象塑造的重要性所在。

每個人對他人的總體印象實屬主觀，但是不可否認，外表形象對他人的影響力不可小覷，在將來步入職場，必須具備適當的「職場禮儀」，就從建立良好的外在形象開始。

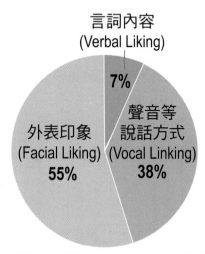

圖 2-1　個人印象的 7-38-55 規則

---

1　Mehrabian , A.（1981）　"Silent messages: Implicit communication of emotions and attitudes.Belmont

## 2-2 個人形象塑造與管理

大致而言，個人所形塑的外表，可以表現出三種意涵：

1. 專業能力

2. 個人內在涵養

3. 個人本身的審美觀

以下所討論的「儀容與穿著禮儀」，就在說明如何塑造與管理個人最佳的形象，呈現出最完美的自己！

## 一、穿著與儀容管理

前面的章節曾提到過，禮儀學是一門「科際整合」（Interdisciplinary Integration）的學問，其中很重要的一點就是「美學的內涵」。而美學表現在禮儀之上，可以分成三大方向：

1. **儀容美**：屬於「**靜態**」的美感表現，包含個人的面貌、穿著、打扮、配飾等。

2. **體態美**：屬於一種「**動態**」的美感表現，例如一個人的走路行進、站姿、坐姿、眼神、表情、神色、笑容等舉止的動態呈現。

3. **談吐美**：屬於一種「**表達**」上的美感表現，就是以言語的方式，透過用字、遣詞、聲韻等面向，進一步表現個人的內涵與學識，表現出專屬於個人的氣質與態度。

由上述可知，「儀容管理」與「穿著禮儀」是屬於一種「靜態禮儀」，而舉止（肢體表現）、態度（表情）與談吐（內涵表現），就是屬於「動態禮儀」。

## 二、個人儀容基本原則

### （一）整潔與整齊原則

整潔、美觀、得體是商場上的基本禮儀規範，要注意個人衛生，保持整潔美觀。在儀容外表上，頭髮要經常梳理，男士的鬍鬚要刮淨，鼻毛應注意修剪不外露，雙手清潔、指甲應剪短。服裝要保持清潔與整齊，也要特別注意衣領和袖口的挺直與乾淨。

## （二）協調原則

依據每個人的身高、體態、年齡，以及從事的職業不同，應選擇適合自己的方式，也就是彰顯優點、隱藏與修飾缺點。此外，協調也意味著和諧，切勿穿著形式與配色過於唐突與怪異的服裝，而讓人印象不好，人們的成見常常形成在第一眼的印象中，千萬要留意。

此外，穿著打扮也要與自身的工作形象相符，並與場合相契合，衣著配色也能互相協調。例如，公務人員要讓民眾感受到專業與產生信賴感，因此在穿著方面應表現出穩重、誠懇、踏實且值得信賴的形象，不宜長髮留鬍，甚至做誇張的燙染造型，避免與職業形象衝突，使他人產生不信賴感，連帶在工作上的溝通，亦可能產生潛在的問題。

## （三）T.O.P 原則

在職場中，大家皆是希望追求卓越，成為 TOP 的頂尖人士。所謂「佛要金裝、人要衣裝」、「先敬羅衣後敬人」，因此，對於穿著的選擇，必須要瞭解「T.O.P 原則」（圖 2-2）：

| $T_{iming}$ 時機 | $O_{ccasion}$ 場合 | $P_{osition}$ 地位 |
|---|---|---|
| 根據季節、天氣等時機來選擇衣服的質料與顏色搭配。例如：冬天時添加圍巾、大衣等禦寒衣物。 | 根據不同場合的屬性，搭配相對應的衣服。例如：上班時穿套裝，參加宴會時穿禮服。 | 服裝選擇應與自己的身分地位相符。 |

圖 2-2　穿著的 T.O.P 原則

根據以上的「T.O.P」原則，穿著服裝應注意以下幾個重點：

1. **著裝應與自身條件相搭配**，衡量自己的年齡、身高、體形、膚色等等的外在條件與特色，並選擇適當的服裝。例如，年長者或身分地位高者，選擇服裝款式不宜太過新潮；身材矮胖者，勿選擇橫向條紋的服飾，在視覺上會顯得更胖。

2. **穿著應與職業、場合、商務交往接觸的對象相互協調**，尤其在工作中的穿著應遵循整潔、穩重與端莊的原則，才能給人愉悅的感覺和莊重感受。

3. **在正確的場合作正確的打扮**。在正式場合中強調莊重大方；若是參加晚會或喜慶場合，服飾則可華麗與明亮一些；若是慶生會、園遊會等較輕鬆的場合，這時就可以放下拘謹，穿著較輕便的休閒服飾。

4. **不同的場合有其不同的服裝穿著**，不可因為活動安排在同一天內，就貪圖方便「一套到底」，**應依照場合需求換裝**。如在國外，也必須入境隨俗，要與不同國家、區域甚至民族習俗或當地習慣相契合。

5. 在同一家公司，除非有規定穿著相同的制服，否則避免模仿高階主管的穿著或打扮方式，必須斟酌自己本身的身分與職位。

6. 在某特定時間與場合中，依據自身的角色，來決定穿著的型態與方式。以參加婚禮為例，女性可穿著較為素雅的小禮服，不能穿的比新娘出色亮眼，因為新娘才是場合中的主角，千萬不要「喧賓奪主」。

**禮儀新視野**

## TOP 辨正

　　服裝穿著的 TOP 原則中的「P」，常見到坊間國際禮儀教科書將其意涵翻為「地點」（Place），但這個要素已經包括在「O」中，因為 Occasion 的涵意，其實是活動（Event）與地點（Place）的綜合體，因此 P 應指的是「身分（Position）」。

**禮儀小筆記**

現在有愈來愈多的組織、企業、機關甚至學校，為了塑造團體一致性的形象，收回員工穿著服裝的決定權，而規定穿著制服。根據公司團體的文化與想建立的對外形象，透過專業的設計製作服裝，成為各單位的標誌與象徵，這不僅給了著裝者一份自豪感，同時加強員工的認同感、歸屬感與向心力，無形中也多了一份心理與行為上的約束。最典型的例子就例如航空公司空服員、五星級知名飯店的人員等。

## 三、職場形象的建立原則

一個人的職場形象，通常是以下各方面形象的綜合表現（圖 2-3）：

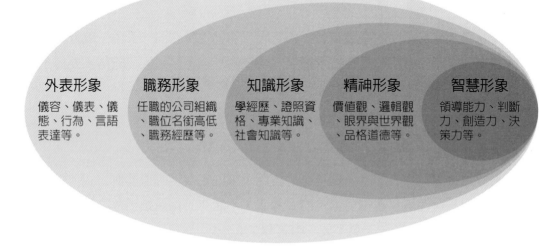

| 外表形象 | 職務形象 | 知識形象 | 精神形象 | 智慧形象 |

外表形象：儀容、儀表、儀態、行為、言語表達等。
職務形象：任職的公司組織、職位名銜高低、職務經歷等。
知識形象：學經歷、證照資格、專業知識、社會知識等。
精神形象：價值觀、邏輯觀、眼界與世界觀、品格道德等。
智慧形象：領導能力、判斷力、創造力、決策力等。

圖 2-3　五種職場形象

以上五種形象是具有階段性質的，人們常說到的第一印象，指的就是「外表形象」。外表形象雖不脫「以貌取人」的主觀意識，卻具有決定性的影響。假如一個人的外表形象不佳，下一階段的職務形象往往會跟著打折，也讓他人缺乏願意深入瞭解後續知識形象的動機。在職場上也有著不少例子：例如，明明某人的工作能力不錯，也頗具專業素養，但外表不修邊幅，就容易不受上司青睞，也不放心讓他接觸客戶，無形中便喪失了許多表現與發展的機會。

那麼，對職場形象塑造而言，有哪些可供遵循的標準呢？要建立在職場上的優良形象，有五大原則（圖 2-4）：

莊重大方

大部分的職場人士對於形象的型塑，不論男女都必須符合「莊重」與「大方」的原則。

明亮淡雅

展現精神與朝氣，不濃妝艷抹，男性潔淨修容，女性略施淡妝即可。

避短揚長

瞭解自己外表的特性，再來塑造形象與修飾外表，彰顯優點、修飾缺點。

職場
形象塑造
五大原則

簡潔舒適

任何風格與裝扮，「乾淨整潔」是基本要求，也要讓自己感覺方便舒適。

適度協調

不過度追求時髦流行趨勢，避免太多的配件與裝飾，追求整體的協調美感。

圖 2-4　職場形象塑造的五大原則

## 四、職場服裝禮儀

　　在國際間與一般的職場上，男性以穿著「西服」（或稱「西裝」）較爲正式。西服是廣泛適用於各種正式場合的穿著，訂製的西服剪裁不僅使人顯得挺拔有精神之外，「量身訂製」的特性可以突顯個人的身材優點，並且修飾缺點；至於**女性在一般的職場上**則以**「兩件式套裝」較爲正式**，並穿著膚色絲襪及包頭高跟鞋，鞋跟勿太細與過高，如此較爲端莊也突顯專業形象。相對於二件式套裝，洋裝多屬於上衣連下裙式的服裝，多在個人社交的場所穿著，在商業場合實務上，如果參加正式會議或典禮，還是穿著二件式套裝較爲合宜。以下分別說明男性與女性的職場服裝細節注意事項：

男女穿著
形象原則

## （一）男性職場正式服裝

### 整體穿著原則

1. 三色原則：全身以不超過三種顏色為準。
2. 三一原則：男士皮件（皮鞋、皮帶與皮包或公事包）應為同一顏色。

### 西裝

1. 質地：夏季用的西服可選用涼爽羊毛或是混紡布料，但混紡布料的尼龍比例不要太高，一來不透氣，二來在光線下會有過度反光感，顯得輕浮而失穩重；冬季用的西服則可選用較厚的質料或是毛料西裝。

2. 顏色：夏季用的西服可選用較淡較輕的色彩，如灰色、深藍色；冬季用的西服則以黑色等較重的顏色為宜。深灰色與鐵灰色系的西裝，適用在各種季節與場合中，可說是「通用色」或是「安全色」，可根據個人的喜好與季節變換，搭配襯衫或皮件也都很協調。

3. 西裝的布料可以有條紋或花紋，但是不能過於明顯。

4. 西服套裝上下兩件的顏色與質料應一致，採用同一塊布料製作為宜。

男性西裝穿著注意要點

## 襯衫

1. 襯衫顏色應與西裝顏色協調，但不能是同一色系。在正式場合中，也不宜穿著色彩鮮豔的格子襯衫或花襯衫。

2. 正式的襯衫為長袖，袖口應露出西服外套袖口約 2 公分左右，下擺要塞進西裝褲裡。有些領口尖端各多一個鈕扣的設計，不屬正式的襯衫，要特別注意。

3. 襯衫必須勤加換洗與熨燙，並保持衣領與袖口的整潔，勿留有汗漬與皺褶，若已經泛黃老舊則應更換。

## 外套口袋

西裝外套口袋摺蓋要翻在外面，且不宜放置物品而使口袋鼓起，也不要把筆插在西裝外套口袋上。

## 襪子

1. 襪子顏色以深色為宜，與西服同樣色系更佳，避免穿淺色或白色的襪子。

2. 襪子長度不宜過短。若襪子有鬆弛、破損應更換。

## 領帶

1. 領帶應選擇與西服協調的顏色與圖案，且不宜過細。

2. 打完領帶的適宜長度，應為領帶底部尖端處剛好蓋住腰帶的扣環。

3. 應多準備幾條適合自己的領帶並輪替使用。

## 西裝扣子

1. 雙排扣西裝：站立或行走時應把扣子全都扣好，坐下時可將最下一排鈕釦解開。

2. 單排扣西裝：有 3 顆扣子與 2 顆扣子的形式，最下面的扣子保持不扣上，坐下時，扣子可以全部解開。

## 皮鞋

1. 男性皮鞋應選用有跟皮鞋，黑色、有鞋帶的類型較為正式。

2. 在拜訪客戶或是參加重要場合前，要再次檢視皮鞋鞋面，如有髒污或蒙上灰塵，應立刻擦拭與上亮光油。

### 禮儀小筆記

對於剛進入職場的新手來說，選擇或訂做一套適合自己的西裝是有必要的。只要妥善保養，身材不要變化太多，西裝可以穿很久，效益絕對划算。若要訂做西裝，可多做一件褲子，因為西褲的磨損相對較高，當褲子污損或磨損可直接替換，延長西服的使用壽命。

（二）女性職場正式服裝

## 整體穿著原則

1. 三不露原則：不露肩、不露膝、不露趾。
2. 三色原則：全身顏色以不超過三種顏色為準。

## 妝容與造型

適度的淡妝是職場女性的基本禮儀，應避免濃妝豔抹、過重的香水與誇張的髮型。

## 套裝

女性套裝須注意的部分大致上與男士西裝相同，顏色以深色與素色為主，例如黑色、深灰、鐵灰、深藍等。

## 襯衫

女性襯衫的款式與花色限制和男性相比之下較少，穿搭與選擇上較為自由，惟須注意正式的襯衫和男性一樣是長袖，正式場合中應避免選擇短袖襯衫。

## 褲子

褲子樣式應選擇直筒，不可穿喇叭褲；褲長應適中，勿過短露出腳踝，或過長觸及地板。

## 裙子

裙子樣式以直筒或 A 字裙為宜，不可搭配牛仔或卡其布材質的裙子；裙長則以過膝或及膝為宜，不可過短。

## 絲襪

一般以膚色絲襪最為適宜，適用於各種場合的搭配。襪長的選擇上，裙裝通常搭配長筒絲襪，襪口不可露出裙襬之外；褲裝則可搭配短筒絲襪。

## 鞋子

以中跟的包鞋最為正式，不可穿著涼鞋、拖鞋、魚口鞋等露出腳趾的鞋或是高筒靴，鞋子的鞋跟也勿過高或過細。顏色選擇上應與套裝顏色協調。

## 禮儀小筆記

現今部份公司對於服儀規定較寬鬆，能夠容許女性不穿著兩件式的套裝，但還是有一些必須避開的穿著禁忌：配色不過於雜亂、色彩不過於鮮豔、質料不過於透明、不過於緊身、不過於追求尖端流行。

女性套裝穿著注意要點

襪子的穿著往往會被忽略,因為站立行走時,襪子經常被褲子遮掩,但是在某一些需要就座的場合,著襪的合宜或突兀與否,就立刻見光。如果襪子穿久鬆垮,甚至腳趾的部位破洞,千萬不要抱持沒人知道的心態,現今商務活動形式繁多,怎知沒有脫掉鞋子的機會呢?有些場所是必須脫鞋進入的,當破損的襪子呈現在眾人目光之下,是相當令人難堪的一件事,這種尷尬情況,在國際場合就曾經發生過:2007 年 1 月 28 日,世界銀行前任主席沃爾福威茨(Paul Wolfowitz)在任時,參觀土耳其一座清真寺,脫鞋時露出一雙腳拇指有破洞的襪子,被國際媒體廣泛報導,成為笑柄。甚至還有土耳其襪商在此事之後,送了 12 雙襪子給他,可見穿著襪子的禮儀,不可等閒視之。

## 禮儀新視野　時尚便服

　　「時尚便服」(Smart Casual 或 Business Casual)適用於非正式的場合穿著(例如戶外參觀等公務行程),可以穿著西裝褲或休閒長褲,再搭配長袖襯衫,不要打領帶,天涼時可加件外套或夾克。

## 五、配飾禮儀

　　飾品指的是與服裝搭配，可以增加服飾美感與修飾作用的裝飾物品，主要包括絲巾、胸針、領章、首飾、提包、手套等等。飾品在整體裝扮上扮演著畫龍點睛、小而顯眼的角色。對於飾品配件上，也有所謂「三不原則」：

1. **商務穿著飾品不宜太多**：所有配飾的總數以不超過三件為原則，過多的配飾會讓一個人的整體裝扮與服裝失去焦點，也不符合簡潔原則，這也是與社交裝扮禮儀上最大的不同之處。

2. **物件不宜太大**：配飾是附屬角色，純粹點綴性質，小而精美才是適當。

3. **不要發出聲響**：會互相碰撞發出聲音的配飾，不適合於工作場合出現。

---

### 禮儀小筆記

若你所服務的公司單位有製作精美的「領章」，也可以別在西裝或套裝的外套左方衣領領面上，這就具有代表服務單位的象徵。一些民間社團組織的成員（例如獅子會、扶輪社、青商會、同濟會等）也會有領章作為成員的識別象徵。有時這種精緻的領章，在公商務場合上也會成為一種致贈賓客、相互交誼的紀念品，相當具有意義。

---

## 六、國際場合各式通用正式服裝

　　在國際間許多隆重場合上，男女皆有多種正式服裝，正式活動的辦理通常會寄送邀請函或邀請卡（Invitation），請柬裡面多會附註服裝穿著（Dress Code, Attire），出席者可依據主辦單位對服裝的要求，來選擇適合的穿著與裝扮。以下是各式場合男女常見的服裝與要點整理：

## （一）男性的正式服裝

### 大禮服 Tail Coat

晚間穿著的正式禮服，外套及長褲多為黑色，外套後擺下垂至腿部膝窩處，分開成燕尾狀，故又稱為「燕尾服」。襯衫採白色百葉式、硬領有折角，搭配白色領結與黑色皮鞋。

大禮服多在出席非常隆重的國家慶典場合時穿著，現今只在英國、日本王室的重大典禮上，或是交響樂團的指揮家身上才能見到。

### 早禮服 Morning Coat

日間穿著的正式禮服，上衣外套長度到腿部膝窩處。套裝搭配上若外套是黑色，就搭配灰色背心；灰色外套則搭配黑色背心。內著白色軟領襯衫，打銀灰色系領帶。

早禮服一般出現在婚喪典禮儀式，或是大使呈遞到任國書時穿著，現今國際間已不多見。

## 小晚禮服 Tuxedo

晚間穿著的正式禮服，外套上衣多
用黑色，左右兩襟及褲管縫製黑緞
面，搭配一般白色襯衫或百葉式襯
衫，打黑色領結，著黑襪黑色皮鞋。

小晚禮服常在新郎、頒獎典禮的主
持人、出席正式活動的男性貴賓身
上得見，已是現今很隆重的穿著。

## 西服 Suit

最普遍的正式服裝，形式有單排扣
及雙排扣兩種。在正式的場合中，
深色西服是較合宜的穿著。

西服可廣泛應用在一般的公務場
合，如正式拜訪、會議、典禮、宴
會等，是非常通用的正式穿著。

## （二）女性的正式服裝

### 長晚禮服 Evening Gown

女性的長晚禮服通常用於出席晚間隆重慶典與正式晚宴場合，常以絲質等材料製作，以顯出大方或華麗風格，亦常綴以亮片，使晚間出席宴會或正式活動時更顯閃亮迷人風韻。上身常為無袖而露肩，天涼時可搭配披肩防寒，是屬於突顯賓客個人風采的打扮。

### 長旗袍 Cheongsam

旗袍是傳統華人女性喜愛穿著之正式服裝，為貼身絲質剪裁，高貼領短袖，天冷時常搭配披肩或上身罩衫防寒。

現今旗袍常用於出席晚間隆重慶典與正式晚宴場合。由於中國風流行歐美，部分西方女性也喜愛穿著。

**洋裝 Dress**

上下連身式的女性服裝，形式上較為素雅簡約，不如長晚禮服華麗。一般的社交場合皆可穿著。

**套裝 Suit Dress**

上下分開兩件式穿著，上衣為外套，內穿襯衫、針織衫或其他上衣搭配，下為及膝裙或長褲。適用於公務場合如上班、洽公及會議等，屬商務界活動的合宜穿著。

## 2-3 行業形象與公司形象

### 一、行業形象與公司形象的定位

「行業形象」是長久以來某一類型的工作累積產生的整體印象，例如政府單位、法律諮詢或金融行業等工作，因其業務性質而具有「嚴謹」、「約束」、「仔細」、「幹練」等形象。但就算是同一種行業，因為經營者的理念與目標群眾不同，也都會形成不同的公司形象。以飯店業為例，座落在市區中心的商務飯店，目標客源主要是商務人士、小型團體或短期休息、過夜等需求，對於飯店裝潢與人員外型塑造，多偏向簡潔的都會風格；而風景名勝場所的渡假飯店，就會更融入當地特色或輕鬆氛圍，讓入住的旅客自然而然的放鬆心情。

在塑造個人的職場形象時，要先確定你所從事的行業與公司形象定位為何？我們可以透過簡單的分類座標，將不同的行業形象做初步的定位（圖 2-5）。當你深入瞭解所任職的公司或單位的文化與形象，就可以更清楚瞭解個人的職場形象應該往哪個方向走，以及有多少的發揮空間等。

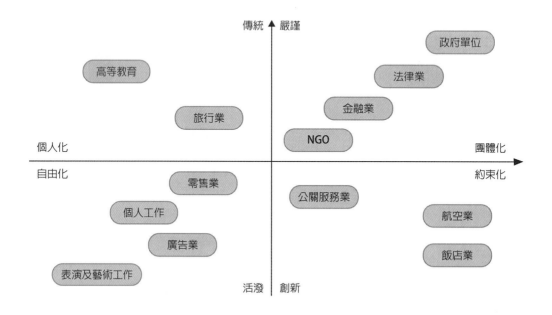

圖 2-5　行業與企業形象的定位象限

## 二、公司形象的建立

對於形象塑造來說，行業形象、公司形象與團隊形象的形塑，往往比個人的形象建立還來的重要。一旦公司整體對外界的形象能成功塑造，團體中的個人不需要花費太多的功夫，就能夠在公司形象的基礎上，針對個人修飾外在缺點與突顯個人優點，從而建立起屬於個人的良好形象，能收事半功倍之效。

從一個單位或企業公司管理者的宏觀角度來說，外界（包括服務的對象如客戶或一般民眾、媒體、資源提供者、廠商）對於單位或公司的觀感、信任度與印象，就是建立整體形象的目的。外界人士不見得會深入瞭解屬於自己的單位團體，因此公司的形象就來自於這些人的「印象」，而印象又來自於外界的與公司的「第一次接觸」或其他人的接觸經驗。所以，優質機關或公司形象的建立，不光是專注在服裝儀容或打扮，公司本身提供給外界接觸與聯繫的「媒介」，才是建立公司形象的關鍵所在。

一般來說，公司單位對外溝通交流的媒介有：**電話語音系統、電話總機人員、客服人員、接待人員、信函與公文、公司或機關網頁**（含社群媒體）等。以下就來討論這些媒介對於公司形象建立的關鍵重點：

### （一）電話語音系統

現今許多公司行號都會建置電話語音系統，以便服務顧客或一般民眾，能節省人力，也能增加效率。就使用者的角度而言，服務的便利性就是對該公司的第一印象，如何讓不知道分機號碼的來電者能迅速找到想找的人，或者儘速接通能提供答案或解決問題的人，便是成功與否的關鍵。

目前大部分的電話語音系統，有些是一一報出單位的分機號碼讓來電者選擇，但來電者經常花很長的時間聽完之後，還是不知道要選哪一個單位；有些是運用「語音辨識系統」轉接，但是又常常發生辨識錯誤，導致雞同鴨講。因此，每個機關或公司的主管必須要「易位思考」，站在客戶或者是一般民眾的立場上，假設自己「什麼都不知道」，才能真正測試公司的電話語音系統是否能讓來電者在使用上不會遇到困難，避免造成「拒人於外」的結果，使來電者對公司或機關產生惡劣的印象。

## （二）電話總機人員

電話總機人員也是一種廣義的禮賓人員，透過遠距離的「語音對話」服務來服務外界人士，對於一個公司或機關的初步形象建立，也是相當重要的角色。總機人員與禮賓接待人員都是屬於第一線的服務工作，總機人員的反應、訓練與工作態度，也代表著該公司的素質，因此許多公司行號與政府機關都會要求加強總機人員的公務電話禮儀，許多政府單位甚至訂定「員工電話禮貌推行運動要點」，以「標準作業程序」（Standard Operating Procedure, SOP）來規範禮儀工作。但只是把禮儀工作機械化、表面化，並非使員工真正熱誠為來電者服務，實際上是否能讓民眾感受誠意甚至解決問題，令人存疑。

因此，總機人員的工作並非轉接電話而已，而是要具有相當的判斷能力，對於民眾、客戶、私人公司或政府機關的來電與詢問，能夠做出正確的判斷並轉至相關人員。所以，總機人員不是只能聲音甜美、講些機械式的問候語而已，公司與單位主管應該讓總機人員瞭解公司相關組織業務職掌以及人事的最新動態，只要訓練得當，外人能滿意來電的結果，對於公司單位的印象必定不差。

## （三）客服人員

各企業與公司的客戶服務人員設置主要在電話服務方面，但隨著網路通訊方式的發達，客服聯絡方式已經拓展到線上客服、電子信件回應、社群軟體（如Facebook）等留言，甚至是即時通訊（如 LINE、WeChat 等軟體通訊）等管道。

而客服的聯繫通暢度、問題解決能力與服務品質，更是成為企業與機關形象建立與維繫的重要關鍵。民眾或客戶之所以會與客服人員聯繫，多半是因為有相關問題才聯絡詢問，又或是對其所收到的品質與服務不滿意所做的投訴，即所謂的「客訴」（Customer Complaint）。「客訴」一旦發生，顧客的情緒必定是負面的。因此，公司第一線客服人員的應對與處理，是否能化解對方的不滿情緒並解決問題，經過時間累積後的評價，就會形成社會大眾對公司或單位的整體形象。

## （四）接待人員

接待人員也是公司單位與外界接觸的初步媒介，是建立起公司整體形象的重要來源。接待人員的服裝穿著與儀容打扮、肢體動作等視覺印象，給外界的印象最為真實與深刻。因此，公司單位應對接待人員有正確且充足的訓練，確保接待人員能夠有恰當的禮儀表現與應對進退，以建立良好的公司形象。

## （五）信函與公文

一個機關或一家公司所發出去的商業信函或公文，也會成為外界一窺公司素質良窳的機會。公文格式與用字遣詞正確，言簡意賅主旨明晰，就知道以後與這個團體的聯繫與合作，將會順利有效率；相反地，如果寫來的公文主旨不明，格式明顯有誤，內容反覆鋪陳、贅語甚多，甚至內容浮誇，語氣欠缺中肯，對於此團體或公司的印象欠佳，其素質與來往恐怕就不能有過高的期望，心中也會對公司產生戒心與不信任。

## （六）公司或機關網頁

拜現代科技發達之賜，網路是當今社會中不能或缺的媒介之一。在電子商務的領域裡，如果機關或公司行號不能建立起專屬於公司的網頁及社群媒體等相關的電子平台，那必然成為「落伍」的象徵。根據統計研究指出，當人們想知道某項資訊，第一選擇便是上網搜尋，所以公司網頁便是公司的「數位門面」。有良好的視覺設計、操作方便的介面、清晰易懂的資訊展示，讓使用者感到便利且舒適，才是一個成功的網頁設計。

Chapter

# 03

## 餐宴禮儀

### 研讀本章，你可以瞭解

1. 餐宴辦理的要點。
2. 如何扮演好宴會主人的角色。
3. 如何做一位受歡迎的宴會好客人。
4. 宴會桌次與賓客座次的安排。
5. 餐桌餐具的擺設方式。
6. 用餐的禮儀要點。
7. 正確的敬酒方式。
8. 商務餐宴席間談話的技巧與藝術。
9. 其他國家的用餐禮儀。

### 引言

「餐宴活動」是國際活動中最常見國與國、機關單位乃至人與人之間的交流形式，藉以表現友誼、拓展關係、建立聯繫的媒介，也是促進彼此間的瞭解，甚至是解決問題的方式。我們在宴會中所扮演的角色，可以是主人或主辦單位，也可以是受邀請參加的賓客身分。作為主人舉行一場餐宴，該怎麼辦理宴會，要注意哪些要點，又有哪些安排才能表達對賓客的敬意與誠意？作為受邀參加宴會的賓客，有哪些應該遵守參加宴會該注意到的禮儀，才能有合宜的舉止與表達對主人的尊重？本章將精要解析餐宴相關的各種禮儀規範。

## 3-1 如何安排餐宴

在國際禮儀與禮賓工作專案中極為重要的一環，就是「宴會籌辦專案」。為何稱為「專案」？因為辦理一場商務餐宴，必須牽涉到許多的專業知識與經驗，並遵照一定的原則與流程，結合許多不同的分工，依有限的經費預算，彼此協調依時間進度，完成一項宴會前、中、後的不同工作項目與內容，也是一種「專案管理」的概念。一般商業界非常重視宴會的交際功能，特別是政府機關舉辦的「官式宴會」中，更是具有一定的程序禮節，要求的標準更是嚴謹，不容掉以輕心。

### 一、宴前的準備工作

在辦理一場宴會之前，必須先確定以下八大項目與相關注意事項：

### （一）目的（**Purpose**）

每場宴會都有其辦理的目的，根據不同目的舉辦的宴會，在各項細節與流程的安排上也會有所不同，因此舉辦餐宴前，必須先釐清宴會的目的，才能確定後續的安排方向。舉辦餐宴前須確定的事項如下（表 3-1）：

表 3-1　舉辦餐宴前要確定的事項

| 宴會的目標對象 | 本場宴會所要邀請的對象是個人、夫婦還是多人團體？是自己公司的高層主管，還是其他公司、機關的人員？ |
|---|---|
| 宴會的屬性 | 宴會可以分為迎新、送舊、接風洗塵、送行餞別、年終餐會、忘年會、春酒、感謝、慶功宴、賀高昇履新、聯誼餐會等，必須先確定舉辦宴會的種類性質與走向，才能決定後續需要辦理事項。 |
| 宴會的宗旨 | 舉辦本場宴會想要達到的最終目的與效果是什麼？是建立彼此相關業務單位的情誼，還是想爭取對方的合作？還是希望商議或磋商一些在其他會議中，所未能達成的協議，或者是未能解決之事？ |

## （二）賓客名單（Guest List）

主人或主辦宴會的公司單位，很重要的一項工作，就是確定賓客名單。賓客名單上所列名者，就是被正式邀請的客人，可分爲主賓、對方來賓、我方陪賓與主人。當擬定賓客名單時，須注意「對等」與「平衡」原則。所謂對等原則，就是職位的對等。例如，對方如果有副總經理列名，本公司也要安排自己公司副總出席，以下類推；所謂「平衡」原則，則是主賓兩方人數要大致相同，勿人數相差太多產生「失衡」現象。如果宴請的是外賓，還須注意總人數不宜落在13位，因爲在西方的文化中，數字13是禁忌。

此外，除了職位高低對等，還須注意相關「業務」上的平衡，對方有採購部經理，我方也應安排一位負責採購的主管與宴，就算是官方宴會也是秉持這兩項原則，一來使此宴會具有一定層級以上的代表性，二來也能促進相關業務的單位的聯繫與溝通，就多年的實務來說，彼此負責的業務相近較有話題聊天，氣氛會相對更熱絡。

製作賓客名單時，詳列所有賓客職銜姓名後，要按賓主雙方分別排序，一一按照機關單位或公司內部公認的順序，詳細列成一份賓客名單。賓客名單出爐後，再給單位相關主管核示，加以調整以求周全。

### 禮儀小筆記

13這個數字在西方社會，特別是深受基督教文化影響的地區，是一種不幸的象徵。其源於文藝復興時期達文西（Leonardo da Vinci）所創作的名畫《最後的晚餐》，畫中描繪耶穌與12個門徒共進晚餐，其中一人名爲猶大（Judas），他背叛了耶穌，而使耶穌被釘死在十字架上。畫中共計13人共餐，13自此成爲禁忌數字。如果出席人數賓主合計剛好是這個數字，實務上主人或主辦單位會臨時多加一人入席，共14人，以破解這項禁忌。

## （三）邀請（Invitation）

　　邀請他人參加宴會，以「書面」的請柬邀請是最為正式的做法。現今各行業工作頗為繁忙，如有宴會邀請，一般最晚前 10 日就要提出邀約，太晚邀請將造成對方困擾，就宴會工作的實務而言，會造成出席率的降低。在發柬邀請之前可先以電話聯繫知會，若是賓客眾多的大型宴會，或仍然有充裕的時間，可以直接發柬邀請。請柬內容須敘明邀宴事由、日期、時間與地點（Venue）（圖 3-1），正式宴會還需註明服裝（Dress Code, Attire），並附上回答出席與否的回覆單（圖 3-2），受邀的賓客可以寄回，或是以電話傳真方式答覆，如單純以電話告知回覆也可以。

　　因現代許多公務流程轉向無紙化，除有寄送紙本請柬的必要外，多數活動會製作電子型態的請柬，以電子郵件寄發。電子請柬的格式與紙本請柬大同小異，若需要回覆是否參加，則應於信件中註明以電子郵件或電話傳真方式答覆。

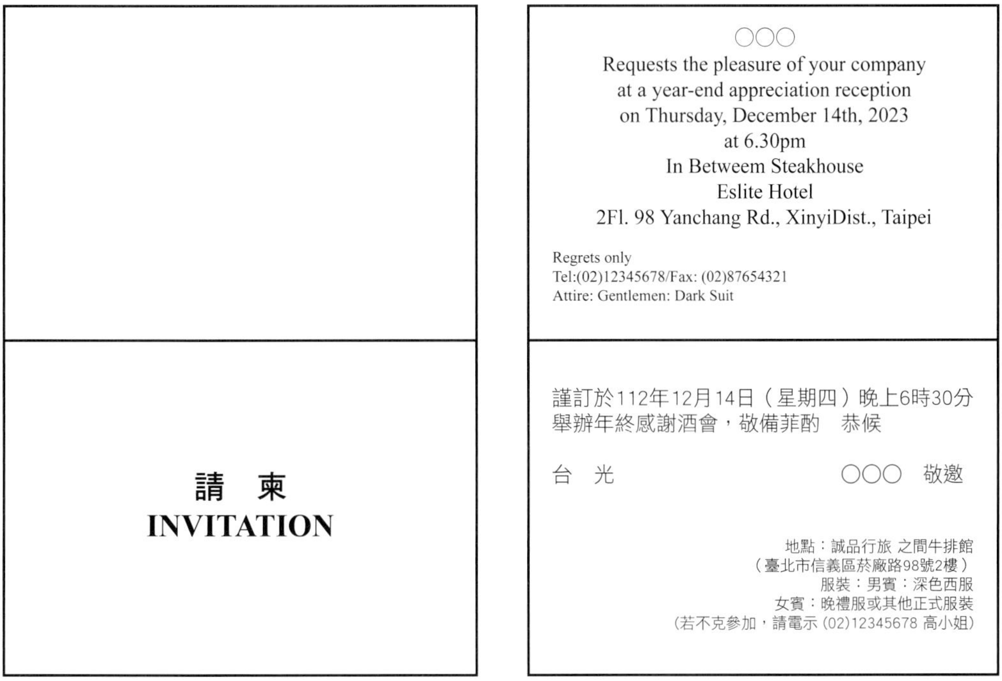

請柬封面與背面　　　　　　　　　　　　　請柬內面

圖 3-1　請柬格式範例

| 年終感謝酒會回帖 | Welcome Reception Reply Card |
|---|---|
| 姓名：_____ | Name：_____ |
| 單位：_____ | Organization：_____ |
| □ 出席　□ 不克出席 | □ Yes, I will attend　□ No, I will not attend |
| 食物：□ 無特殊需求 | Food：□ No Special Request |
| 　　　□ 素食 | 　　　□ Vegetarian |
| 　　　□ 特殊需求：_____ | 　　　□ Special Request：_____ |
| 聯絡人：高小姐 | Contact Person: Ms. Louisa Kao |
| 電話：02-12345678 傳真：02-87654321 | Tel: (02)12345678 Fax: (02)87654321 |
| 中文回帖參考樣式 | 英文回帖參考樣式 |

圖 3-2　中英文回帖參考樣式

禮儀小筆記

有些請帖上會標註「R.S.V.P」，是法文 répondez s'il vous plait 的縮寫，就是「敬請回覆」的意思，意思是不論參加與否，皆需要回覆；如果請帖上註明的是「Regrets Only」，則是指不出席的話才回覆的意思。

## （四）預算（Budget）

　　預算的多寡決定餐宴的內容、項目與等級，各單位通常有自己的規定與慣例，特別在公務單位，預算編列與結報都有嚴謹的規定，必須在核定的預算下，決定與適當分配整個宴會專案的花費。

## （五）菜單（Menu）

　　整個宴會的成果展現，就是在菜色的安排上。在考慮菜色時，必須思考餐會的形式與料理的類型，不同的餐會形式與料理類型會影響到菜單的安排與服務生上菜的方式。西餐制式的菜單安排多為前菜或開胃菜、湯、主菜、甜點、咖啡，上菜方式為一道一道為每位賓客上菜；傳統的中式桌菜（筵席）的菜單安排多為 8 ～ 12 道菜左右，可再細分為分菜桌餐與中菜西吃（又稱為「中式套餐」，以西式上菜方式提供中式菜餚，廚師或服務生先將菜分好後，再為每位賓客上菜）。

　　另外，宴會的主辦者必須事先瞭解每位賓客的飲食偏好與禁忌。飲食偏好方面，傾向以「主賓」為主要考量。例如，主賓喜歡清淡口味，就找廣東菜或浙江菜見長的餐廳或外燴。換句話說，整體菜色的安排就是以主賓的偏好為出發點；飲食禁忌方面，必須每位賓客都一一詢問清楚，菜色必須是每位賓客大致上都可以接受的，若賓客因為宗教信仰（例如素食、穆斯林的「清真飲食」、猶太教餐食等）、健康因素（例如糖尿病不吃甜、高血脂則要求少肉少油、不吃油炸品等），或是口味偏好（例如味喜清淡不吃辣、不吃蔥薑蒜等）等在飲食方面有所限制，就必須為這些賓客準備符合其要求的飲食。

---

**禮儀小筆記**

所謂的「清真飲食（Halal）」是符合伊斯蘭教規的食物，除了禁止豬肉與酒精之外，食材的宰殺、烹調也需要經過特定的程序，例如宰殺牲畜時必須念誦清真言，使用銳利的刀子並以最俐落的方式迅速殺死牲畜放血，減少牲畜的痛苦；海鮮食材處理時不須誦經，但一定要經過清理，不可直接燒烤或烹煮活的海鮮；烹調時也必須使用獨立的廚具，不可以使用料理過非清真食材的廚具烹煮清真食品。按照規定完成的料理，才可稱為清真飲食。

而「猶太教餐食（Kosher）」的概念與清真飲食類似，也是需要按照教規製成的食物，在食材的處理上與清真飲食相同，必須以最迅速無痛的方式殺死牲畜並放血。食材方面只有可以反芻且腳趾分蹄的動物、被馴化的禽鳥以及有鰭有鱗的魚是符合規範的，另外奶類與肉類也不可以混吃，因此許多餐廳不會同時供應乳製品與肉製品餐點，廚具、餐具甚至是洗碗槽都會分成兩套，以便分開處理奶類與肉類製品。

---

## （六）酒水與飲料（**Liquor & Beverage**）

　　餐宴上酒水與飲料的安排，也是必須特別注意的。一般餐宴用酒包括紅酒、白酒、威士忌，國產用酒多以陳年高粱、紹興酒、花雕酒作為餐中酒，且餐桌上多備有公杯，讓賓客喝完酒後自行斟酌補充。國宴或國際正式官宴會再加上香檳，飲用時機為雙方元首致詞後互相祝酒飲用。由於各種酒類等級差異甚大，價格更是不同，主辦餐宴者必須衡量主賓身分與經費預算，選擇適當種類與等級的酒，更要拿捏好備酒的量。

## （七）座次安排（**Seating**）

座次安排與菜單安排並列餐會的重要關鍵，因為座次安排隱含主人對每位賓客重要性的看待。座位的安排具有相當的敏感性，餐宴中的菜餚就算準備得再豐盛、再美味，如果有賓客認為自己的位子次序坐低了，感覺到不受重視，宴會就不能算成功。至於座位如何安排，將於後續 3-4 中詳細說明。

## （八）其他事項

例如要不要送禮、宴前是否要安排會談、大型餐會是否要安排致詞、要不要安排表演節目等，都是籌辦宴會中必須考慮的重點。

# 二、宴會進行中

宴會即將開始之前與宴會正式開始後，有以下工作必須進行（表 3-2）：

表 3-2　宴會進行中的工作

| 賓客再次確定 | 再次打電話提醒客人，因為在忙碌的工作中，部分賓客常會忘記原先已經答應出席的餐會邀約。 |
|---|---|
| 場地與設備檢查 | 在宴會即將開始前，再次確定菜單內容、餐桌桌面布置、座位名牌卡是否正確放妥、菜單是否備妥、燈光與麥克風運作是否正常。 |
| 人員就工作位置 | 包括接待禮賓人員就位、主持人或司儀準備開場引言。 |
| 主人致詞與主賓答詞 | 在中式的餐宴中，通常主人會在開宴前講話，說明宴請的緣由，並且感謝賓客一行的賞光等美詞，有時主賓亦會致詞以感謝主人的款宴，並回敬酒。 |
| 上菜過程中的管控 | 監督同一道菜是否全數備妥並同時上桌，切勿只上了其中幾位就停頓下來，如此一來，客人不敢貿然用餐。另外，宴會工作人員也必須注意上菜的節奏與速度，宴會時間勿拖太長，每道菜餚的上菜間隔勿過久，而使賓客感到不耐。 |
| 其他周邊人員的招呼與照料 | 正式的商務宴會中，特別是政府單位的官宴，賓客層級往往很高，前來赴宴的常包括司機甚至是隨行的秘書，基於主人禮儀，也必須善盡照料之責，提供簡單餐點與茶水。此外也必須準備主辦單位工作人員的膳食。 |

### 三、宴會結束後

　　主人主動提出宴會結束的時機，通常是在所有菜都已上完，服務生端上熱茶後，就代表宴會隨時可以結束了。提出的方式是舉起酒杯，再次感謝賓客的光臨，賓客就知道宴會即將告一段落，主人準備要送客了。但是要注意，**主人主動提宴會結束的場合，是在外面的飯店或餐廳等場所，若是在主人家裡舉行，則是由「主賓」適時提出感謝與告辭之意**，因為由主人提出，像在趕客回家，並不恰當。由主賓提出，讓主人能多點時間整理並早點休息，也是基本的作客之道。

　　如果是公務宴會，在結束之後，就準備清點酒水，並將帳單明細一一確定清楚，簽帳後依照單位規定檢據處理核銷事宜。

## 3-2　如何做一個成功的宴會主人

　　**餐宴的目標就在「賓主盡歡、成功交誼」**，要達到這個目的，主人就扮演了很重要的角色。作為一個宴會主人，要注意以下五項要點：

### 一、不要說「隨便坐」

　　國人在餐宴上最容易犯的毛病，就是為了表現隨和，喜歡說「隨便坐」。在正式的餐宴場合上，為賓客預先安排適當的座次是基本的禮貌，否則便是顯現出主人的「粗略」與「隨便」，這種負面感覺，一定會隨之投射到當主人的公司或機關上，不可不慎。此外，「隨便坐」的壞處，常常造成熟識的人坐在一起，同個餐桌上形成許多小圈圈，完全喪失了餐宴的交誼目的。

### 二、切忌不苟言笑

　　宴會主人是餐宴中的靈魂人物，讓餐宴氣氛熱絡是主人很重要的一項責任，若所說的事引不起賓客的共鳴與興趣，就會令人頗為尷尬。如果個性不擅言詞，建議可以找一位善於交際且具有相當層級的人物做副主人（Co-host），可彌補主人的不足，代替主人主導飯局，也是一種處理的辦法。

## 三、妥善安排座位

禮賓座次的安排，其中一項重要的原則，稱之為「交錯原則」：讓男女、本國人與外國人或是賓主交錯分坐，藉此增加相互認識與交換意見想法的機會，就社交禮儀上的觀念亦是如此。

## 四、不需過度自謙

國人傳承著謙虛的美德，「尊人」之外更是懂得「自謙」，但是自謙也須看場合，特別是在宴請外賓的場合，不要在外賓面前過度謙虛，稱自己預備的食物菜餚是「粗茶淡飯」，這會讓不瞭解我國特殊文化的外賓誤解，因而對主人的誠意感到懷疑。反而可主動向外賓介紹菜色，讓其充分感受到主人對餐會的重視與用心。

## 五、達成賓主盡歡

這意義不僅是主人與主賓之間高興就好，而是作為主人的角色，儘量讓所有的賓客都能感受到尊重與敬意，具體的辦法，就是在席間除了有機會逐位敬酒之外，時間許可的話也可與每位賓客聊上幾句話，這樣讓所有的客人都感覺到主人的誠意與關懷，餐宴的氣氛才能愉快自在。

## 3-3 如何當一個受歡迎的好客人 ──────

當接到宴會邀請，或準備出席大小形式不同的宴會時，如何成為一個受人歡迎的客人就很重要。要當一位受歡迎的好賓客，就必須做到以下幾點：

## 一、宴會開始前

1. 收到請帖或邀約電話後，要儘快確認自己的行程，並**儘速回覆主人或承辦人員是否參加**，以便對方安排座位，即使不出席，也方便主人邀請其他人士，切勿不作回應，或者太晚回覆而造成主人的困擾。

2. 如果**答應赴宴**，要一併告知飲食習慣（素食或其他飲食禁忌），以便主人安排餐食。

3. **如果請柬上的邀請人署名爲夫婦，則邀請的賓客亦爲夫婦參與**；如果署名爲單人，則邀請的賓客皆爲單人參與，除非請帖有特別註明邀請夫婦或攜伴參加。如果有所疑慮，必須聯絡主人確定清楚，否則屆時若只有你攜伴，你的伴該走還是該留？只會讓彼此都尷尬。

4. 謹慎決定出席與否，一經決定後，**除非有臨時重大情況，否則請勿隨意更改出席決定**。國內有些人士常有回覆不出席卻又臨時出現，或者明明答應出席，屆時卻久不見人影，聯絡上才知臨時有事。這樣對於主人或承辦人員來說，會造成極大的困擾，尤其是正式的宴會或大型餐會，對於座位安排是非常講究的，一位賓客安排一個座位，環環相扣，好不容易確定賓客名單，費心安排座次，現場如果賓客臨時缺席，就必須撤掉空位或是臨時調動某些客人的座位；若是臨時出現，更是令主人手腳忙亂。在這一點，西方的禮儀尤其注重，並且視爲基本的餐宴禮儀，因此必須更加注意。

## 二、宴會舉行中

1. 出席宴會切忌遲到，如果臨時因事晚到，應儘速通知主人。

2. 出席宴會也不要過於早到，因爲太早到場，宴會場地與相關安排還未就緒，反使主人尷尬。

3. 位階低者可比位階高者早到一些，也有恭候之意。

4. 若是參加主人家中舉辦的私人宴會，可以帶份小禮物，例如一瓶紅酒或大家可分享的小甜點，也是合宜的赴宴禮儀。

5. 宴中由主賓來主導賓方一行的動作，例如在主人致完詞後回致謝詞與回敬主人酒等。其餘賓客須注意自己地位，不可僭越位份而有搶話、搶敬酒等不適宜的舉動。

6. 商業飲宴中飲酒勿過量，以免因酒精作祟而有不恰當的話語或舉動，影響他人印象與觀感，甚至對自己所屬單位造成負面影響。

7. 宴會也是社交場合，用餐交談中有許多相互交換名片的機會，他人名片暫時放置桌上時要避免被湯汁醬料污損。此外，收到的名片在宴會結束前要妥善收存，切勿遺留在桌上，這會被解讀為不重視對方的存在，是非常失禮的行為。

8. 有國外賓客參與的宴會，須注意西方餐宴禮儀中的禁忌，例如拼酒打通關的行為、為他人夾菜的習慣等。

## 三、宴會即將結束時

1. 在主人家作客時，主賓要適時感謝主人的招待並告辭，勿長時間逗留，造成主人困擾。

2. 主賓記得再次表達感謝之意。

## 四、宴會結束後

1. 在正式的宴會之後，可用主賓名義寫封感謝函給主人致上謝意。

2. 如有可能，擇期回請對方，禮尚往來，建立彼此的合作交誼。

　　總而言之，餐宴是一個相當重要禮儀場合，不論公家機關、單位、公司行號，細心的餐宴安排、主人適當的角色扮演，再加上合宜的作客禮儀，便是一場成功的宴會。此外，對參加商務宴會的人而言，在宴會上，正是上司考評你應對進退的場合，也是同事間建立情誼的時機，更是建立與其他各個公司單位人脈的大好機會。所以，怎麼做個宴會好客人，展現自己的餐宴禮儀，對個人的職場生涯來說，可是一個絕佳表現的機會！

## 3-4 座次與桌次安排禮儀

　　在餐宴上，主人或主辦單位必須要把「座位次序的安排」列為首要的重點。一旦座位的安排失當，就會讓人感受到自己在主人心中恐怕是不被重視的。

　　那麼座次安排的原則為何？這不單是一個技術層面的工作，也是一項活用的藝術。以下是宴會安排座位的要點與方法：

### 一、賓客名單排序

　　在進行座次安排之前，首要的工作就是整理出一份排好次序的賓客名單（禮賓排序）。賓客名單的排序須遵從「**3P 原則**」：

1. **階級職位（Position）**：這是商務場合上最主要的排序依據，每個有規模的機關單位或是企業公司內部，都應該明訂一套排名順序的「職務列名表」，這份資料並非刻意比較地位高低與區分階級，而是提供一個依據來安排列名次序與宴席座位，以免人人各有主觀看法而產生歧見。

2. **政治考量（Political Situation）**：是指基於某些特別的考量（例如外交、公務或商場上的特別禮遇）而提升某位賓客的地位，這稱為「破格接待」。

3. **人際關係及交誼（Personal Relationship）**：有時賓客間有著特別的交情，會特別安排坐在相鄰；或是賓客間彼此交惡，也需要刻意避開。相似業務關係、語言能力也是考量要素之一。

## 二、座次的安排原則與作法

當整理出一份按照禮賓排序正確的「賓客名單」之後，就要按照各種桌型與不同桌數來安排座位。不論是何種桌型與桌數，都必須遵守「尊位」與「分坐交錯」兩大基本原則：

| 尊位原則 | | 分坐交錯原則 |
|---|---|---|
| 1. 以右為尊 | 4. 近內為尊 | 1. 男女分坐 |
| 2. 以上為尊 | 5. 近主人為尊 | 2. 來賓與我方陪賓分坐 |
| 3. 近中央為尊 | 6. 較舒適為尊 | |

以兩大基本原則為基礎，再根據各種桌型來安排入座次序。以下一一介紹中西式不同桌型的座次安排方式：

### （一）西式座次安排

1. **法式長桌座次**：男女主人於長桌兩側的中央位置相對而坐，男主人背對入口而坐；其餘賓客依照下圖次序入座（人數多寡可類推），長桌兩端若要安排座位，則為最末座。

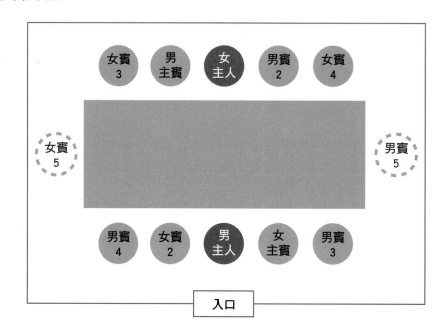

2. **英美式長桌座次**：男女主人於長桌兩端的中央位置相對而坐，男主人背對入口
   而坐；其餘賓客依照下圖次序入座（人數多寡可類推）。

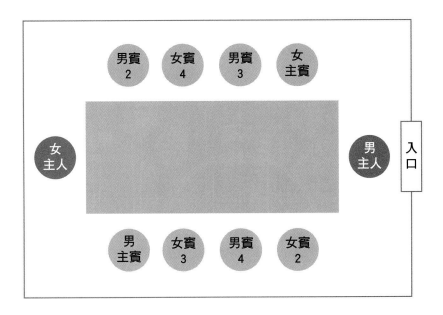

3. **圓桌坐次**：女主人坐於最內側的主位上，男主人背對入口而坐；其餘賓客依照
   左下圖次序入座（人數多寡可類推）。若主人為單身，主賓則坐於最上坐，其
   餘賓客同樣以交叉排列形式入座（如右下圖）。

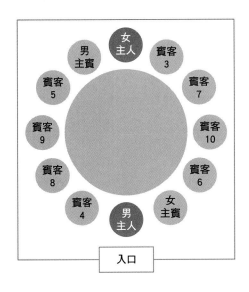 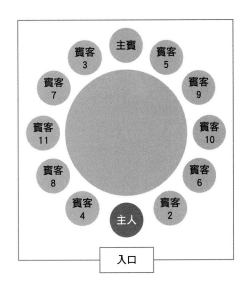

4. T型桌座次：男女主人坐於上桌的中央（最上位），其餘賓客則同樣交叉入坐（人數多寡可類推），越靠近主人的位置越尊貴。

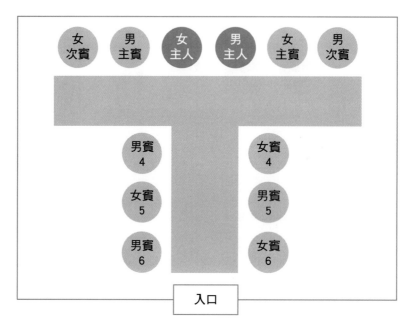

5. 馬蹄形桌座次：同T型桌的安排邏輯，男女主人坐最上位，其餘賓客交叉入坐（人數多寡可類推），越靠近主人與內側的位置越尊貴。

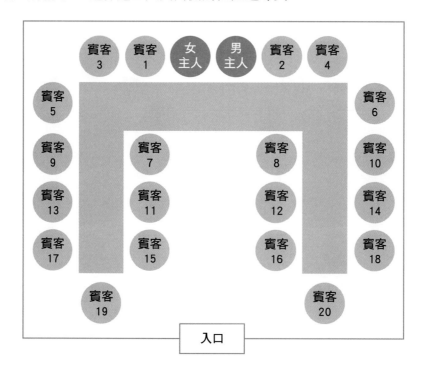

## （二）中式座次安排

1. 有男女主賓與男女賓客（夫妻或男女伴），主賓與主人地位相當時（主賓地位高於主人時亦可適用，人數多寡可類推）。

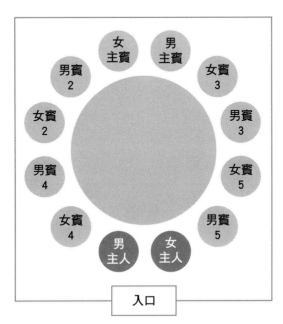

2. 有主賓時（人數多寡可類推）。

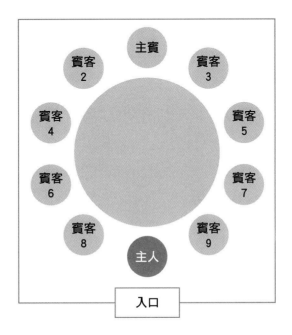

3. 主人地位明顯高於所有賓客，也沒有明顯主賓時（人數多寡可類推），常見於單位內部的餐敘座位安排。

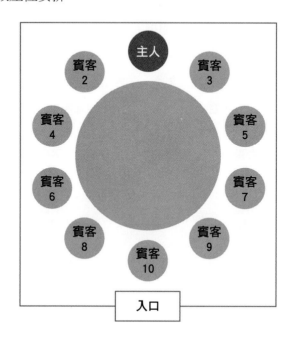

## 三、桌次安排禮儀

　　前面整理了中西式單桌座次的安排原則與技巧，但像是中式的喜宴、辦桌等宴客活動，參加人數較多，桌數勢必也要跟著增加。那麼兩桌以上的桌次順序要怎麼安排呢？其實桌次安排與座次安排很類似，只要謹記先前「尊位原則」的概念進行分配即可。

　　以下就分別從不同的桌數，以及根據場地的情況來呈現可能的桌次安排狀況：

1. 2桌：

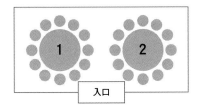 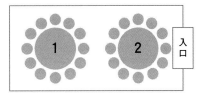

2. 3桌：

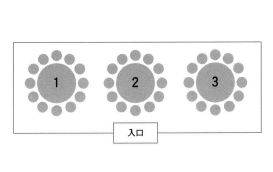 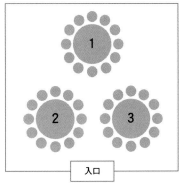

3. 4桌：

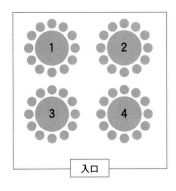 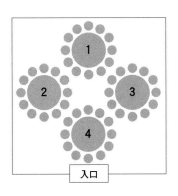 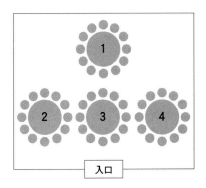

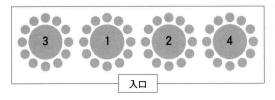 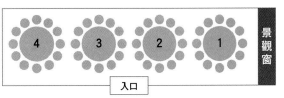

4. 5 桌：

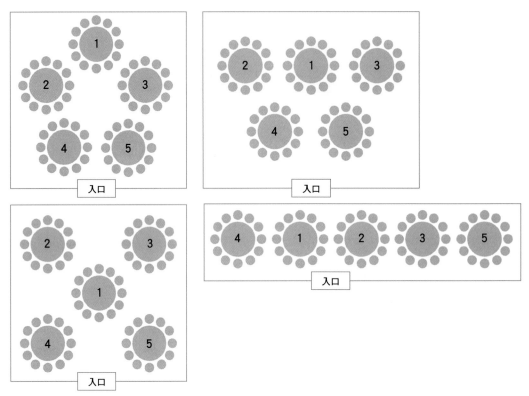

5. 6 桌以上：以宴會廳 11 桌爲例。

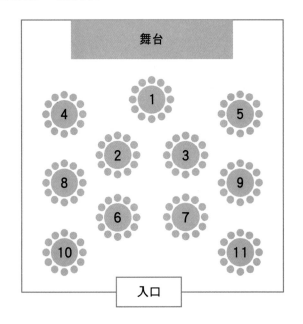

## 四、禮賓座次的進階調整

　　座位的安排工作其實是一項藝術，更重要的是，座位的安排並沒有一定的標準答案，而是依循一套公認的原則或是規則。在安排座位上，因爲各種餐宴所邀請的賓客性質大相逕庭，還有其他可以一併考量的因素，例如：

1. **年資、資歷**：華人社會崇尚「敬老尊賢」，資深的前輩通常會被視爲尊貴的對象，因此就算是職位等同，在座位的安排上，資深者可排在相對較尊的座位。

2. **曾任職位之高低**：有時受邀的賓客可能已經離開某項職位、退休，或者是從事其他事業。公務界最多的例子便是不再擔任高官要職，重新回到學術界從事研究工作，或者是重回校園擔任教職以作育英才。在座位安排上亦可考量賓客曾經擔任的最高職位進行調整，不可因爲該位賓客目前已無重要職位或是顯赫頭銜，而將其安排於後座，讓人感覺到主人的現實，這一點必須特別注意。

3. **特殊考量**：有時公務餐宴中的座位安排，難免需要考量到一些無法明講的「私人因素」。例如，知道兩人相處不佳，就不要安排彼此相互鄰座；又如知道某兩家公司正在大打專利權官司，就不要讓兩家企業主剛好同一桌，一則避免尷尬，二來也不會落人口實。因此，座次安排不必墨守成規，如有特殊考量就必須加以調整。

4. **突顯重要性**：爲了表示禮遇與重視對方，主方刻意提高某人的座次，升高接待的層次，這就是所謂的「破格安排」。這項禮賓工作技巧，常見於國際外交接待的實務上，其目的是爲了積極爭取對方的外交友誼。若用於商務上，則是特別突顯某人的重要性，表現出特別的重視與禮遇，這是一種靈活運用的技巧。

5. **現場工作之要求**：有時部分入席者在活動中有工作在身，特別在會議辦理的實務上，此時參與工作的入席者就毋須拘泥於本身職位的高低，要以方便現場工作爲首要考量，儘量安排在方便出入的座位，以及不妨礙其他在座者的視線，或是不容易受到注意者爲佳。若因爲工作，或者是處理現場臨時突發的情況而進進出出，影響與干擾到其他賓客，是非常失禮的行爲。

6. **主人的同意**：在安排好座位圖表後，要記得給負責主管或是主人核閱，或許他能找到你未能考慮到的重點，而使座位安排更加周全。

## 3-5 餐具擺設與用餐禮儀

### 一、餐具擺設的方式

對於餐具擺設的禮儀，可以分為西式與中式的方法，以下為圖示與說明：

#### （一）西餐餐具擺設

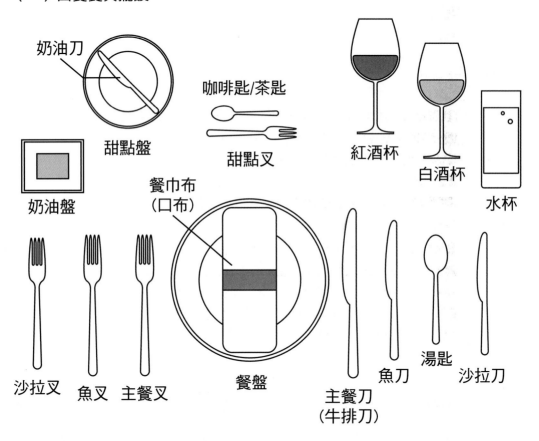

奶油刀
甜點盤
咖啡匙/茶匙
甜點叉
紅酒杯
白酒杯
水杯
奶油盤
餐巾布（口布）
沙拉叉 魚叉 主餐叉
餐盤
主餐刀（牛排刀）
魚刀
湯匙
沙拉刀

---

**禮儀小筆記**

西餐刀叉使用的次序，應由外向內依序使用。

---

## （二）中餐餐具擺設

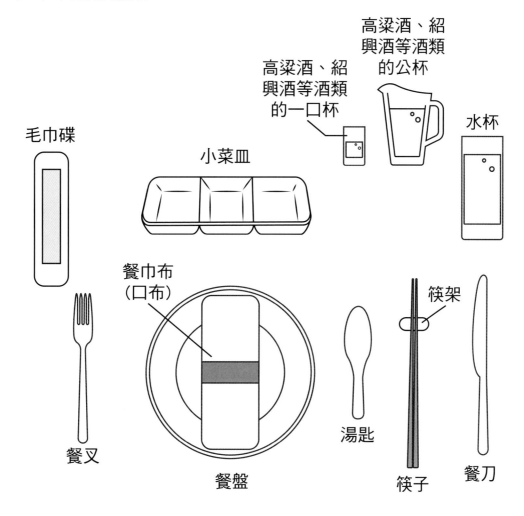

高粱酒、紹興酒等酒類的公杯

高粱酒、紹興酒等酒類的一口杯

水杯

毛巾碟

小菜皿

餐巾布（口布）

筷架

餐叉

餐盤

湯匙

筷子

餐刀

西餐餐具擺設

口布折法

中餐餐具擺設

## 二、用餐禮儀

用餐時個人的行為舉止與進食也都有應注意的禮儀，若不加以注意可能會冒犯到他人。以下從地位分際、進食與行為三個方面來探討用餐時的禮儀：

### （一）地位分際的禮儀

1. 在主人和主賓開始用餐前，其他賓客不可搶先用餐，要等主人與主賓開始後，其他客人才能跟著用餐。（跟隨原則的應用）

2. 中式圓桌上菜，要將菜盤先轉至主賓前，請其先取菜，才是尊重與禮貌。

3. 中式圓桌服務生出菜端放在桌上之後，先請在座的最高階賓客取用，之後再依順時鐘方向轉盤，讓每一個賓客一一取食享用。此外，主人或是位階較低的賓客不需替主賓或位階較高者夾菜，如果不是對方所需要或喜歡的，反而造成他人的困擾；西方人更是不喜歡別人幫忙夾菜，因此若有宴請外賓，須特別注意。

### （二）進食的禮儀

1. 西餐中的麵包可直接用手取食，但要用手指一塊塊撕下再送入口中，不要將整個麵包直接送進嘴裡咬下。

2. 咖啡匙或茶匙是用來攪拌咖啡的，不要舀取茶湯來喝。

3. 用餐中途暫時離席，刀叉應於餐盤中相對交叉斜放成「八」字型，刀刃朝內（圖3-3），服務人員就不會將餐具收走；如果已用畢餐點，刀叉應於餐盤中平行斜放，刀刃朝內（圖3-4），服務人員就會將餐具收走。

圖 3-3　中途離席刀叉擺放位置

圖 3-4　用餐完畢刀叉擺放位置

4. 如要取用餐桌遠處的鹽罐、胡椒罐或拿取麵包籃，要請他人幫忙遞送過來，勿直接伸手去構。

5. 享用牛排、羊排等排餐料理時，勿一次將整塊肉排全部切成小塊再取用，應維持「切完一塊吃一塊」。

6. 如要吐出小塊骨頭、蝦蟹碎殼或果菜渣籽等無法食用的物體，可先用左手手心握住再置於盤中，或包覆於紙巾內棄置較為合宜優雅，勿以嘴直接吐於盤中。

7. 喝湯時不要發出聲音。

8. 嘴裡還留有食物正在咀嚼時，不要與他人交談，避免食物噴出而失禮。

## （三）行為的禮儀

1. 如果宴會沒有結束，非必要情況請勿隨意離席，要等主人和主賓用餐完畢起身之後，其他客人才能跟著離席。

2. 在餐廳用餐，如對於菜色餐食或者是服務上有任何的意見或不滿，不宜當場直接向服務生表達，應私下向外場經理要求處理，或事後向餐廳高階主管反應。呼喚服務生亦需注意自身的修養與禮節，須注意相關的稱謂禮儀。

3. 宴會當中不要當眾補妝與剔牙。中式餐會的桌上常常供應牙籤，如果真有必要使用，可以去洗手間處理較為妥當，當你入席時，就必須呈現優雅美好的形象。

4. 商務午宴建議儘量不喝酒，不論個人酒量好壞，總是會影響彼此下午的工作精神與情緒，甚至讓人察覺到你的臉紅與嗅到酒味。就算晚宴無此顧忌，也謹記「開車不喝酒、喝酒不開車」的原則，委請不喝酒者代為駕車，以免造成意外。

5. 西方人認為當眾打嗝是很不禮貌的行為，宴請外國賓客時，要特別留意。

6. 用餐時筷子或刀叉如果不慎掉在地上，不要自己彎腰到桌子底下撿，若鄰座是女性會更加失禮，應請現場服務生協助撿起，並且再補換一份餐具。

7. 筷子、叉匙切勿插於飯碗中或食物上，這是極為無禮的行為及禁忌。

8. 商務餐宴結束後，不要上演搶著付帳的戲碼。由做東者付帳，並且不要當眾結帳，可先告知餐廳等送完客後再處理帳務。

## 禮儀新視野 　歐式自助餐會用餐禮儀

　　歐式自助餐會（Buffet）是現今十分受到歡迎的用餐方式，舉行的時間多為中午或晚上，屬於「正餐」的性質，形式是在餐檯上供應多樣化的餐食讓賓客自由取餐。因為取餐的區域多屬公用區，所以也有其用餐禮儀值得注意：

1. 自助餐會也是一種社交場合，參加時千萬不可將「吃到飽」的「撈本」心態帶到這個場合，如果只顧取餐吃飽而忘了參加者之間人際互動與交誼，也將錯失增進人際的機會。

2. 在取餐之前，可先全場大致走過一遍，瞭解菜色供應的大致情況，衡量自己的喜好與胃口大小，再決定取用的先後次序與分量多寡，讓自己能優雅的取餐與進食。

3. 依照餐檯邊用餐者排隊順序依次取餐，不可以有插隊的無禮行為。

4. 夾菜時不可隨意翻攪挑揀。

5. 若有湯鍋或滑蓋式保溫餐爐（圖 3-5）等具有可掀式保溫蓋的菜盤，取餐後要蓋回蓋子以保持菜餚的溫度。

圖 3-5　圓形滑蓋式保溫餐爐

 用餐禮儀

 用餐注意事項

## 3-6 敬酒與飲酒禮儀

### 一、敬酒的禮儀

在餐宴上，飲酒與敬酒都是有學問的。通常在宴會開始時，主人會簡單跟所有在座的賓客說明請客的緣由，接著感謝客人的參加，此時就可舉杯向在座的賓客「敬酒」（toast），以表達謝意與敬意。敬酒的動作具有相當的儀式性，起源於主人向所有與宴者表示酒中無毒，以去除大家心中之疑慮，後來逐漸演變成一種風俗習慣乃至於禮儀。

敬酒是在餐宴中向對方表示出「敬意」與「謝意」的禮儀，不要作「蜻蜓點水」式的敬酒，連對方的眼睛都不看，如此會讓人覺得你只是隨便應付，缺乏誠意。在宴會開始主人敬過酒後，賓客隨時可以敬酒，但應該先由身邊在座的賓客逐一敬起，不要跳過某位賓客敬酒，否則很容易讓人誤會是刻意忽略某人的存在。

#### 禮儀小筆記

長久以來，國人有著「拼酒」與「乾杯」的習慣，甚至還一昧的勸酒，這是相當不宜的，喝多少酒跟禮儀與敬意無關，千萬不要勉強他人，如此反而造成對方的困擾，特別是在有外國賓客的場合，更是不恰當。

就嚴謹的正式餐宴而言，敬酒時不可以「茶水」或「果汁」代替酒，但是由於個人的飲食喜好，或因為健康因素不善或不能飲酒，在現今社會多會尊重個人的自由意志，亦可接受以茶水或果汁代酒。在西方的正式宴會中，酒類的使用相當的講究，西餐用來敬酒的酒類，一般都用「香檳酒」（Champagne），而且也不可以越過自己身邊的人和距離較遠者祝酒。如果席間安排主人正式的說話時間，主人在上甜點前起身或到講臺上致詞（中式餐宴多在餐會一開始），致詞完畢並會向主賓敬酒，以表示歡迎及祝福之意，之後主賓也會緊接著致答詞，表示感謝並且回敬酒，客人也隨著主人與主賓敬酒，手拿香檳酒杯可向相鄰左右的賓客碰杯敬酒致意。

## 二、手持酒杯的方法

除了前述的敬酒禮節外，還要使用正確的方法拿好酒杯，才能符合敬酒與飲酒的禮儀，也能使酒的風味更佳。以下介紹兩種酒杯的拿法：

### （一）高腳杯

餐宴常見的紅酒杯、白酒杯與香檳杯皆屬於高腳杯的類型，正確的持杯方式為握住杯腳，不可以用手持握、拖住杯身，避免手的溫度影響到酒的風味（圖 3-6）。

| | 紅酒杯 | 白酒杯 | 香檳杯 |
|---|---|---|---|
| 正確拿法 | | | |
| 錯誤拿法 | | | |

圖 3-6　高腳酒杯的拿法

### （二）白蘭地杯

白蘭地杯的杯腳較短，正確的持杯方式為用手托住杯身。因白蘭地的適飲溫度約為 24℃，比紅酒、白酒、香檳等酒類來得高，因此用手托住杯身，正好讓體溫能夠暖酒，使白蘭地的風味更佳（圖 3-7）。

圖 3-7　白蘭地杯的拿法

## 3-7 餐宴交流與互動的禮儀

　　餐宴當中少不了人際之間的交流與互動，互動時保持良好的禮儀舉止，才能讓他人留下好印象，建立好的關係。餐宴的交流禮儀有以下注意事項：

1. 商務餐宴的重點在於吃「關係」與吃「禮儀」，切勿只專注於品嚐美食而忽略交誼。尤其當餐會是採取自助餐的方式舉行，不會特別安排指定座位，常見有人以大量取食為樂，而且喜好與同單位的熟人同桌共食，如此便失去商務餐宴的交誼目的，甚為可惜。

2. 在正式宴會上，特別是大型的餐宴中，若有機會擔任致詞貴賓，記得祝酒詞要簡潔扼要，內容愈短愈好，請別忘了「吃飯皇帝大」。

3. 商務餐宴席間談話的「五不」與「五要」（表 3-3）：

表 3-3　商務餐宴席間談話的五不與五要

| 五不 | 1. 不談政治與宗教話題<br>2. 不談八卦緋聞與流言<br>3. 不談公務機密<br>4. 不談傷感話題<br>5. 不藉機批評他人、抱怨上司或責備部屬 |
|---|---|
| 五要 | 1. 要聊一些愉快的話題、分享成功的經驗<br>2. 要適時讚美他人的能力與優點<br>3. 要趁機感謝他人在工作上的協助<br>4. 要把握餐宴的機會，多多認識其他的賓客<br>5. 要多傾聽少發表 |

4. 如果有外國賓客，一定要注意語言溝通問題，要安排通曉外賓語言的本國賓客作陪，以避免外賓無人招呼與交談。

## 3-8 其他國家的用餐禮儀

　　許多國家因為文化上的相似性，其用餐禮儀大同小異，例如亞洲國家屬於同一文化圈，具有一些共同的用餐禮儀，歐美國家的用餐禮儀基本上也與前面介紹過的「西餐禮儀」相同，因此本節將以國人最常前往的日韓兩國為主要說明對象，並另外整理其他國家較特殊的餐桌禮儀要點以供參考。

### 一、日本用餐禮儀

　　日本是國人旅遊最喜歡前往的國家，不少人也鍾愛日本料理，喜歡到日本當地的餐廳大快朵頤，因此，我們對於日式料理的用餐禮儀也要特別瞭解與重視，才不會貽笑大方。

　　日本是十分注重禮儀的國家，日式的用餐禮儀文化也非常細緻，以下整理幾點在日本用餐時應注意的禮儀事項：

### （一）筷子使用禮儀

　　日本人最常使用的餐具便是筷子，在筷子的使用上也有非常多的禁忌需要注意，有些與華人的禮儀相同，有些則是華人平常較容易忽略的細節。以下是日本使用筷子的禁忌行為（表 3-4）：

表 3-4　日本使用筷子的禁忌行為

| 名稱 | 意義 | 名稱 | 意義 |
|---|---|---|---|
| 洗筷 | 在湯或飲料中洗筷子。 | 立筷 | 將筷子直立插在飯上。 |
| 受筷 | 盛飯時還拿著筷子不放下。 | 錯筷 | 使用一雙材質不同的筷子。 |
| 拜筷 | 拿著筷子雙手合十。 | 撕筷 | 兩手各拿一支筷子撕扯食物。 |
| 落筷 | 吃飯時將筷子掉到地板上。 | 舔筷 | 用舌頭舔舐筷尖。 |
| 逆筷 | 把筷子倒過來，用筷尾分菜。 | 握筷 | 握住兩根筷子吃飯。 |
| 搔筷 | 用筷子抓頭。 | 渡筷 | 用筷子互相傳遞食物。 |

| 名稱 | 意義 | 名稱 | 意義 |
|---|---|---|---|
| 咬筷 | 用牙齒咬筷尖。 | 撥筷 | 用筷子把不想吃的食物撥開。 |
| 空筷 | 夾起菜之後沒吃又放回去。 | 迷筷 | 無法決定要吃什麼，用筷子在各盤食物上比劃猶豫。 |
| 銜筷 | 用嘴銜住筷子 | 拉筷 | 用筷子把較遠的碗盤勾過來。 |
| 探筷 | 用筷子在菜裡翻攪挑揀。 | 剔筷 | 用筷子當牙籤剔牙。 |
| 指筷 | 用筷子指著別人或其他東西。 | 敲筷 | 用筷子敲擊飯碗發出聲音。 |
| 刺筷 | 用筷子戳刺食物。 | 擦筷 | 把免洗筷掰開後，用兩根筷子互相摩擦刮落毛刺。 |
| 直筷 | 不用公筷，用自己的筷子夾取大盤菜餚。 | 透筷 | 不移除魚的大骨，直接從魚骨下方挑出魚肉食用。 |

## （二）用餐禮儀

1. 用餐前要說「我開動了」（いただきます，itadaki-masu），而用完餐時可說「多謝款待」（ごちそうさま，gochiso-sama）。

2. 服務生送餐上桌後，先將碗蓋都掀開，用完後再將碗蓋蓋回。

3. 享用生魚片（刺身）時，勿將芥末倒入醬油攪拌後再夾魚片沾醬，正確做法為用筷子夾少許芥末沾在生魚片上，再沾少許醬油後食用。

4. 日本習慣上要為他人斟酒，勿自倒自飲，敬酒時需雙手舉高與眼齊。

5. 筷子用完要放在筷架上，如無筷架可放於筷子套上，切勿平放在碗上。

6. 用餐時手肘需放在身體兩旁，手肘不要靠在餐桌上。

7. 無論是高級的餐廳或一般的小店，餐點的材料與口味都是固定的，不要隨意吩咐更動既定內容，也不要擅自加水調淡湯頭，必須尊重廚師的手藝。

8. 一人點一份餐是基本禮儀，不要共食一份餐點，若真的需要共食，應避開尖峰用餐時段，且必須先詢問過店家是否同意。

## （三）其他相關禮儀

1. 在聚會場合上，晚輩或下屬要提前到用餐場所等候，絕不可有遲到的行為。

2. 日本餐廳包廂的座位安排上，靠近門口的位置是給輩分較低的人坐的。

3. 日本餐廳沒有給小費的習慣，要特別注意。

# 二、韓國用餐禮儀

　　韓國是國人出國旅遊目的地排名第二，文化上因同樣接收古代中國的文化輸出，一些禮儀文化上也與華人、日本相近。以下是在韓國用餐時應注意的幾點事項：

1. 韓國注重長幼有序，晚輩必須等長輩開動才能開始用餐。

2. 不可以把碗端起來進食，對韓國人來說這是乞討的動作。

3. 一次只使用一種餐具，不要一手拿筷子、一手拿湯匙進食。

4. 餐具與食器擺放上要注意位置，飯碗放左邊、湯碗放右邊，湯匙放置於桌面時必須凹面朝上放置。

5. 和日本相同，在韓國餐廳一人點一份餐也是基本禮貌，避免多人共食一份餐點。

6. 韓國許多餐廳的小菜是免費無限續用，但千萬不要抱著吃到飽的心態不斷續添。

7. 與長輩一起喝酒時，晚輩必須側身後再飲酒。

# 三、其他國家的特殊用餐禮儀

## （一）亞洲國家

1. 印度及許多東南亞國家傳統飲食會直接以手抓飯進食，抓取時只用大拇指、食指和中指的第一指節，不能吃到滿手都是，反而是不禮貌的行為，且注意不要用左手，因左手視為不潔的象徵。此外，進食前後都需洗淨雙手，到餐廳吃飯前須自行清潔，餐後服務員會提供一碗洗手用的水以便清潔。

2. 泰國主要使用的餐具是叉子和湯匙，要先用叉子將食物放進湯匙中再享用。此外，泰國人吃炸雞不會用手直接抓來吃，而是使用刀叉慢慢食用。

3. 在菲律賓參加華人壽宴，務必要穿大紅色的襯衫或 T 恤，以表達對壽星的誠摯祝賀。

## （二）歐美國家

1. 在美國跟加拿大的家庭式聚餐，通常是大盤的菜餚，用餐時互相傳遞大盤，夾取食物到自己的盤中。若還有需要夾菜，應請他人協助將大盤傳遞過來，不可直接站起來夾菜。

2. 在義大利用餐，不可擅自添加調味料，會被認為是嫌棄廚師的手藝不好。此外，享用細長型的義大利麵時，要用叉子將麵條捲好一次送入口中，不可以像吃拉麵一樣大口吸食。

Chapter

# 04

## 交通與
## 住宿禮儀

### 研讀本章，你可以瞭解

1. 在商務場合與尊長行進間的位次。

2. 進出電梯的禮儀與方法。

3. 人與人之間的舒適空間與距離禮儀。

4. 排隊禮儀要點。

5. 自行車禮儀要點。

6. 公車禮儀要點。

7. 計程車禮儀要點。

8. 鐵路運輸工具禮儀要點。

9. 搭機禮儀要點。

10.旅宿他人家中或旅館的禮儀要點。

### 引言

「進退有節、舉止有度」，運用於職場上的各種場合，就是表現出個人與機關團體各種身分角色，在走路、乘車與其他活動區域中移動所需的禮儀，這些諸多應對與守則，多牽涉到與「陌生人」之間的關係。

外出交通旅宿的禮儀要點，可以分為「走路行進」、「排隊」、「電梯」、「乘車」與「搭機」等面向；學習完此章內容，出門在外可以時時提醒自己，不要犯了哪些錯誤與禁忌，舉止合宜恰當，才會處處受人歡迎。

## 4-1 行進與空間禮儀

### 一、行進禮儀

　　商務禮儀不同於社交禮儀之處，在於不論男女性別，而是以職位高低為主要考量，除非位高者堅持「女士優先」，則為例外情況。尊卑次序的原則，以當事人自己的方向為準，為「前尊後卑」以及「右尊左卑」。行走的禮儀原則如下（圖4-1）：

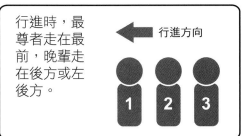
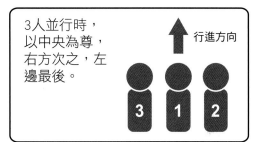

圖 4-1　行走的禮儀原則

## 二、空間距離與排隊禮儀

　　在公共場合排隊中，可以觀察人與人的距離，正好反映一個社會的文明程度與人群之間的信賴感。每個人都有一個「安全距離」，現代心理學甚至發展出一門「人際距離學」（Proxemics）的研究領域。根據美國學者 Hall 的研究[1]指出，所謂「**人際距離**」（interpersonal distance, personal distance）**指的是人與人之間所欲保持的安全與舒適的距離**（body space and comfort zone），並依據人際間親疏關係不同，可以分為四種不同的距離（圖 4-2）：

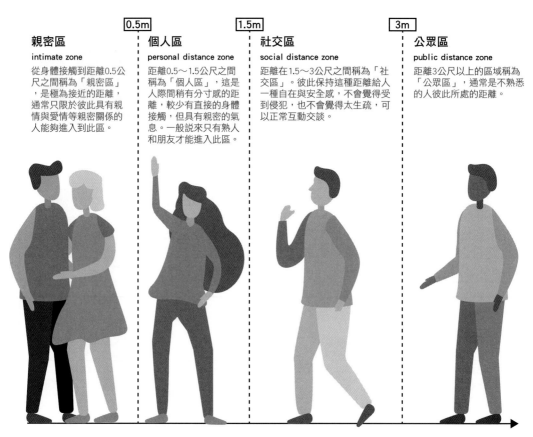

| | 0.5m | 1.5m | 3m |
| --- | --- | --- | --- |

**親密區**
intimate zone
從身體接觸到距離0.5公尺之間稱為「親密區」，是極為接近的距離，通常只限於彼此具有親情與愛情等親密關係的人能夠進入到此區。

**個人區**
personal distance zone
距離0.5～1.5公尺之間稱為「個人區」，這是人際間稍有分寸感的距離，較少有直接的身體接觸，但具有親密的氣息。一般說來只有熟人和朋友才能進入此區。

**社交區**
social distance zone
距離在1.5～3公尺之間稱為「社交區」。彼此保持這種距離給人一種自在與安全感，不會覺得受到侵犯，也不會覺得太生疏，可以正常互動交談。

**公眾區**
public distance zone
距離3公尺以上的區域稱為「公眾區」，通常是不熟悉的人彼此所處的距離。

圖 4-2　四種不同的人際距離

　　就一般的社交場合與公共場所而言，現代人一般活動的人際距離大約在 0.5～1 公尺左右，不同地區的人會多少有些不同，人際氛圍較拘謹嚴肅的地區，人際距離較大；人際氛圍較熱情的地區，人際距離則較短。

---

1　Hall, E. T., "The Hidden Dimension", New York: Doubleday & Company, 1966.

　　若陌生的兩人距離太近，逾越個人主觀的安全距離，就會使人開始感到不安或覺得受到威脅；假如兩人有交談等互動，距離太遠又會使人覺得疏遠。因此，在各種場合面對不同親疏關係的人士，特別是異性之間，要保持適當的距離，勿太近讓人覺得不適，也不要太遠造成誤會，依以上所提到的標準，大約保持 50 ～ 80 公分為宜。在公共場合排隊亦是如此，應根據不同場合的空間與排隊人數多寡來調整彼此間的距離。特別像是在自動提款機前，有關於交易安全與個人隱私，後方排隊者與正在操作提款機者保持適當的距離，也是一項需要遵守的禮貌。

### 禮儀小筆記

在一個文明有教養的社會，人與人之間會有較多的信賴感，表現在排隊的行為上，會自動保持一個讓彼此覺得舒適的距離，即便中間留有相當的空隙，也不會擔心被人插隊，這正是人與人間的「信賴區間」；相反地，如果在一個常常不遵守秩序的社會，排隊者自然而然擔心會被他人插隊，導致人與人之間排隊的距離變近，人際之間的信賴區間縮短，也代表人際信任感較低，公民社會就不易達成。

## 三、電梯禮儀

　　現在的工作場合，多半位在有電梯的辦公大樓內，在電梯中的禮儀，也是在職場上的禮儀重點之一。搭乘電梯時，須注意以下事項：

1. **把握「先出後進」的原則，切勿因趕時間而急著進入電梯。**

2. **長輩或上司應先進入也最先出電梯，而晚輩或部屬則應操作按鈕為上司或長輩開門進出。**

3. 進入電梯後應該立即轉身面對電梯門，避免與他人面對而立而產生尷尬。「美式」的習慣是所有人都面向電梯口，而「歐式」的習慣是側身相向，並且避免背對。

4. **站在樓層按鈕旁的人，應該主動詢問其他人想要到達的樓層，並且幫忙按鍵。**

5. **為了衛生起見，電梯內不宜說話交談。**另外，雖然搭乘電梯時間很短，也應避免談論公司事務或八卦傳聞，畢竟同乘電梯者常有不認識的陌生人，可能因此造成公司困擾。

## 4-2 交通禮儀

### 一、乘車禮儀

在公商務的場合中，常常需要車輛作為交通工具，許多活動也需要安排交通工具以利前往指定的場地。因此，所謂的「乘車禮儀」，是指商務交通或公務接待活動中，為來賓安排車輛調度、座位的安排、進出的順序等所需要遵守的禮儀與規範。

### （一）車輛座位的尊卑次序

車輛中不同的座位有其尊卑次序之分，因此在安排車輛座位時，必須考量到賓客的身分地位，且須謹慎不可弄錯次序，以免使賓客感到不被尊重。以下以國內左駕車為例，說明不同車型與情境的座位尊卑次序：

1. 小轎車

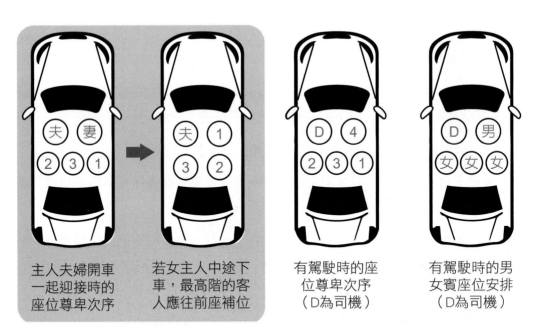

主人夫婦開車一起迎接時的座位尊卑次序　　若女主人中途下車，最高階的客人應往前座補位　　有駕駛時的座位尊卑次序（D為司機）　　有駕駛時的男女賓座位安排（D為司機）

2. 9 人座車輛

3. 中型以上巴士（人數多寡可類推）

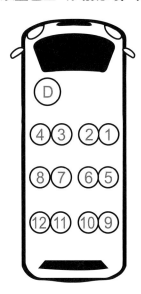

## （二）上下車的順序

有關上下車的順序，根據車款的不同有些許差異：

1. 小轎車：位高者或女士先上車，位卑者或男士先下車，此種順序是方便位卑者協助位高者上下車，之後再從另一側的車門上車。若在車水馬龍的街道上，不便從左方車門進出，基於安全考量上車次序就必須權宜調整，改由位卑者先上車後往內挪位置，而後位高者直接坐於定位。

2. 多人巴士：位卑者先上車，位高者先下車。至於坐在司機右方的人員，功能在於為最後上車及最後下車的長官或長輩開關車門。

## （三）乘車禮儀補充要點

1. 任何小孩及年長者，基於安全的理由，都不宜坐在前座。

2. 公商務安排賓客乘坐車輛，為求賓客舒適與禮遇，後座中間座位儘量不要安排乘員，因後座中間的座位並不舒適，尤其是後座的安排同時有男女時，更顯尷尬，需特別留意。

3. 在商業交通禮儀上，轎車或 9 人座的副駕駛座通常被稱為「隨員座」，實務上多由秘書、隨員、安全人員乘坐。

## 二、自行車禮儀

　　早在十幾年前，因為折疊式自行車的便利與普及，民眾就已流行將自行車當成一項運動。臺北市政府考察歐洲對公用自行車的政策措施，也開始推行「U-Bike 微笑單車」。U-Bike 非常受到歡迎，民眾使用自行車的狀況也越來越普遍。但在此流行與便利的背後，也衍生出了一些問題與亂象：

1. 「玩命快遞」及「飆風戰士」：自行車雖是無機械動力的交通工具，但是速度快起來可不比機車遜色，風馳電掣卻往往無聲無息，尤其從行人背後竄出，往往讓人嚇一跳，也有不少撞傷行人的事故。

2. 「奪魂鈴」聲聲催：有時走在人行道上，背後突然響起一陣刺耳急促的自行車鈴聲，往往讓人心頭一驚趕緊跳開，好像行人都非得禮讓自行車騎士似的。

3. 「都市兩棲類」的行徑：一些自行車騎士認為自行車的屬性介於機車與行人之間，在馬路上可如機車一般的奔馳，但是一遇紅燈，卻可比照行人騎過行人穿越道，甚至再竄上騎樓或人行道。

　　這些亂象具有潛在的事故風險，往往會造成行人與騎士的傷害。因此，臺北市政府交通局曾表示應提倡「自行車禮儀」。既然自行成為時尚與流行，形成群體與形塑出文化，還要透過這群體的「自制」與「禮貌」，才能形成文明的行為。以下簡單歸納 8 點自行車禮儀最基本的規範：

1. 自行車應騎於慢車道或自行車專用車道上，騎於騎樓屬違規行為。

2. 自行車直行想要左轉時，仍應比照機車進行兩段式左轉，以免造成危險。

3. 應與前後車輛保持安全行車距離，避免緊急煞車而發生危險。

4. 不論是騎於道路或人行道，不可有狂飆的行為。

5. 轉彎時請先行以手勢示意預警（圖 4-3），不可隨意轉彎。

6. 若同時有兩三輛自行車前進，切勿並排，應以縱隊方式行進。

7. 騎行時不要表演放開雙手騎車的特技。

8. 禮讓行人，不要急速行駛或蛇行。

※若自行車為後輪左煞，應採用右手做手勢；若為後輪右煞，則採用左手做手勢。

圖 4-3　自行車的常用手勢

## 三、公車禮儀

　　搭乘公車是城市生活中常見的交通方式，而遵守公車的禮儀對確保公共交通系統的運行效率至關重要。以下是幾點搭乘公車時應注意的事項：

1. 乘車時應遵守先下後上的禮儀，禮讓車內乘客優先下車，不可因急著上車而擠在車門口，影響下車乘客的移動空間。

2. 乘車時應儘量避免站立於車門口與走道口，以免阻擋到上下車的動線。人潮較多時，門口附近的乘客應多注意周圍是否有要下車的人，必要時應先下車禮讓出通道，使下車乘客可以順利移動。

3. 國內公車並無強制規定車內禁止飲食，但仍須注意維護車廂清潔，避免在車上食用容易潑灑、掉落碎屑的食物，垃圾也要自行處理，不可隨意棄置於車上。

4. 乘車時應降低音量、輕聲細語，不要大聲喧嘩，以免打擾其他乘客。

5. 適時禮讓座位給有需要的人優先使用，如孕婦、老人、殘障人士等。

6. 人潮擁擠時，應將後背包提於手上，避免影響他人的站立空間。

國內雖無強制規定公車上禁止飲食，但有些國家或地區的公車是有相關的規定與限制，例如南韓的首爾對於「攜帶食物」就有嚴格的規定，為了避免造成其他乘客的不便，只有「完整且密封的飲料或食物」才可帶上公車，一般外帶咖啡杯的塑膠杯蓋就不符合規定，無法攜帶上車，司機有權利拒載。因此，出國時必須注意當地交通工具的相關規則，以免碰上不必要的困擾。

## 四、搭機禮儀

現代人出國旅行或出差洽公，已是一件很平常的事情。然而，在飛機客艙這種密閉且狹小空間裡坐數小時甚至 10 多小時，實在是件很辛苦的事情，更遑論搭機前後的候機、轉機對精神與體力的耗費。倘若是出國觀光旅行，心情上還可有著一份愉快期盼之情，但如果為了工作而出差或考察，那在飛機上的感受，多會背負著一種責任與壓力，恐怕很難輕鬆得起來。在這特殊的交通工具中有限的空間下，要怎麼避免成為所謂「失格的旅人」？在討論搭機禮儀的各項要點前，還是要談到此禮儀要點的特殊性與先決條件。

搭機禮儀的特殊性就是要將「飛航安全」當成第一要務，再加上機上有限的空間與資源，這便是與其他交通方式不同的特殊性，也是搭機禮儀精神之所在。一些基本的搭機禮儀要點如下：

### （一）登機相關禮儀

1. 請提早至登機門等候，切勿因流連免稅店而延誤登機時間。若搭乘國內航班，至少應於航班起飛前 15 分鐘到候機室等候，若為國際航班，則至少應在航班起飛前 45 分鐘抵達。

2. 登機後儘快放置隨身行李於上方置物櫃（overhead compartment），不要擋住後方旅客行進，或乾脆禮讓先行，稍後再放上行李。

3. 隨身行李儘量放到自己座位上方置物櫃，擺放確實並放滿，不要佔用他人空間。

4. 隔壁或前後座若有年長或身材不高者，如有能力可協助其放上隨身行李。

5. 儘量不要在飛行途中打開上方置物櫃，除了會干擾鄰座旅客，遇到亂流時還會造成行李掉落的風險。

6. 若坐在靠走道的位置，內座旅客較晚才到，請先起身禮讓對方入座，不要坐在原位不動，只移動雙腳位置讓對方勉強通過。

7. 起飛前如果有空服員進行救生衣穿著示範與注意事項提醒，請抬頭看、認真聽，不單是事關飛航安全，也是一種最基本的禮貌。

8. 坐下後請勿要求與其他旅客換座位。

## （二）機上相關禮儀

1. 在飛航中，即便安全帶警示燈熄滅，也儘量不要鬆開安全帶。如無必要，也儘量坐在位子上，不要頻繁進出干擾其他旅客，甚至站著與其他座位的親友聊天談笑。

2. 機上飲食要有節制，不要存著撈本的心態頻繁要求提供酒水飲料。飲料喝多了會頻繁進出洗手間，對鄰座旅客是一種打擾；多喝酒也不會幫助睡眠，反而要小心酒醉的風險。

3. 機艙裡屬密閉空間且座位緊鄰，請注意自己的體味是否會影響鄰座乘客；也不要過度使用香水或使用味道過於濃重的香水，也會造成嗅覺上的冒犯。

4. 廣體客機有許多座位是夾在中間的，進出較為不便，空間也有限。在扶手的使用權上，靠走道者請禮讓中間座位者，中間座位者也不要長時間占用兩個扶手。

5. 機艙是公共場所，即使沒有腳臭，都不要脫鞋去襪，甚至有摳腳的行為。如機上有提供拖鞋，脫掉鞋子後請儘速穿上。

6. 和搭乘火車時相同，想要把椅背靠後時，先看一下後座乘客的情況並知會後座乘客，取得同意再慢慢將椅背靠後。

7. 椅背摺疊餐桌並非是用來趴著睡覺的，請不要利用摺疊餐桌趴下休息，餐桌的支架強度不一定能承受你的重量，若是坐在靠走道的位置，還會影響內座乘客，使其無法自由進出。

8. 搭機座位相鄰多為陌生人，也多為不同國家地區人士，不要隨意攀談，如鄰座專注閱讀或休息，不要隨意打擾。若對話幾句察覺對方已無意繼續，請立即停止對談。

9. 若坐靠窗的位置，機外日光線強烈時，請將遮窗拉下，以免光線刺眼，影響鄰座旅客休息。

10. 飛機起飛與降落時，靠窗乘客請主動拉上遮窗，全體乘客主動豎直椅背。

11. 如無緊急與必要，請勿頻繁按服務鈴呼喚空服人員。

12. 如有特殊飲食需求，請事先至航空公司服務網站預訂，或告知代辦的旅行業者，切勿到了機上才要求。另外，機上資源有限，若某種餐食已提供完畢，請儘量配合換餐。

13. 對於鄰座旅客的不當行為，請勿隨意出言制止，可轉達告知空服人員，空服員皆具良好的客服訓練與專業的作業管理流程，請其出面處理，避免造成摩擦與衝突。

14. 請約束與看管好自己的小孩，避免影響其他旅客。

15. 自己的座位請保持整潔，離座時使用過的毛毯請折好放置座椅上，不要隨意棄置於地板，這是對客艙清潔人員基本的尊重。

16. 空服員送餐時，請自行豎直椅背、放下摺疊餐桌，坐靠走道者記得收起手肘，以方便餐車通過。空服員在端出與收回內座旅客餐盤時，也可順手扶助一下，避免湯汁飲料因傾斜不穩而溢出。

17. 在機上購物，請事先閱讀座位上的商品型錄，決定好再告知空服員，直接刷卡付款，切勿花許久時間發問，這對鄰座旅客的安寧是很大的妨礙。

18. 縱使商務艙有空位，也不表示可以自行從經濟艙換座，須事先付款或申請累積里程升等。

19. 慎選上洗手間時機，起飛與降落時，不要使用洗手間；餐後不要全擠到洗手間前排隊等候；洗手間儘量遵從一出一進原則，看到「VACANT（無人）」再前往使用較妥，避免在廁外等候打擾到鄰近乘客。

20. 不要使用不屬於自己艙等的洗手間。使用完畢後,請順手將便器坐墊與洗手水盆擦拭乾淨。

21. 從上機到下機的所有過程,務必聽從空服人員的說明與指示。

## (三)下機相關禮儀

1. 飛機到達登機門停妥後,才可解開安全帶。離位取出座位上方置物櫃行李時,請主動協助鄰座長者與需要幫助的乘客拿下隨身行李。

2. 離開座位下機時,切勿爭先恐後,請依序離開。

3. 離開機門時,請對空服人員微笑致意或說聲謝謝。

　　搭乘飛機應秉持著「安全」、「互惠」與「便利」的精神,如果每位旅客都能具有搭機禮儀的素養,相信搭乘飛機就不再是一件疲勞又令人厭煩的事了!

---

**禮儀新視野　全球五大機上惱人行為**

　　Expedia 在 2019 年針對全球 23 國、共 18237 名受訪者進行研究,發表了該年度的「搭機禮儀調查」,並總結出了 5 種最討人厭的旅客:

1. 在飛機上喝醉的乘客:43% 的人無法忍受在機上過量飲酒導致酒醉,做出脫序行徑造成困擾的旅客。

2. 不斷踢前座椅背的乘客:37% 的人受不了狂踢前座椅背、霸佔座位的乘客。

3. 散播病菌的乘客:30% 的人不喜歡不斷咳嗽、散播病菌的乘客。

4. 噴灑過多香水的乘客:29% 的人對於鄰座過於濃重的香水味感到頭痛。

5. 疏於照顧孩童的父母:29% 的人討厭疏於照顧同行孩童的父母,導致旅程中需要忍受小孩的哭鬧聲或喧嘩,不得安寧。

　　搭飛機時注意這些禮儀細節,給自己跟他人一趟良好的飛行!

## 4-3 住宿禮儀

### 一、到他人家中留宿

有時因為臨時的需求或對方主動邀約,有機會到他人家中留宿,不論對象與自己的關係親疏,都有基本的留宿禮儀需要注意。保持良好的禮儀可以給對方留下好的印象,未來若有需要再次留宿,對方也會更願意答應。以下是留宿他人家中時應注意的禮儀:

1. 留宿他人家中,應配合主人的生活習慣,盡可能與主人同一時間起床與就寢,避免影響主人原本的作息。

2. 他人家中的物品未經許可勿隨意觸碰、拿取、使用,若有需要一定要先取得主人的同意。也不要隨意翻動他人家中的櫥櫃、抽屜等地方,更不要擅自闖入其他房間。

3. 使用浴室、廚房要維持清潔,不要讓主人幫忙收拾。

4. 更換下來的髒衣服應自行清洗,不可留給主人處理。

5. 若有需要使用他人家中的電話,應先告知主人,並儘量長話短說,不要長時間占用電話。

6. 寄宿時的穿著以輕鬆莊重為原則,勿過於邋遢或暴露。

### 二、飯店住宿

出門在外,不論公務出差還是私人旅遊,但凡是兩日以上的行程,投宿飯店或旅館必定是行程中的一環。旅行中的住宿舉止與習慣,不僅是你個人態度與行為的展現,更容易成為外人對整體國人的印象與評價。近年來偶有發生對臺灣旅客在國外旅遊不當行為的埋怨,特別是對於住宿方面,頗多批評[2]。因此,當我們在外住宿,應多注意以下禮儀:

---

2 https://travel.ettoday.net/article/862412.htm?t= 別再當失格旅人　盤點近年臺灣人在日本旅遊失格 8 事件。

1. 決定好旅程日期時間後，無論是由網站、電話、電子信或傳真預訂，務必詳實留下訂房記錄，屆時抵達旅館櫃檯辦理入住（Check in）時，方便服務人員找出訂房預約。

2. 如果因故無法入住或須更改住宿日期，務必及早通知，勿隨意取消，避免造成飯店方的營業損失與困擾。

3. 入住時，如有服務人員協助運送行李到住房，別忘了給予小費表達感謝。一般而言，基本每件行李以美金 1 元起跳，服務如佳，可以斟酌多給。

4. 依訂房登記住宿人數進住，勿私下增加人數夾帶住房。

5. 入住後交談、音樂播放與電視音量勿太大，若有隨行的兒童也要避免在房間內奔跑、跳躍等玩鬧，避免打擾其他住客。

6. 許多旅館、飯店已全面禁止抽菸，另設有吸菸區，切勿在房內吸菸。

7. 不要攜帶榴槤等重氣味水果入房。

8. 各樓層門廊屬於公共空間，離開房門勿著睡衣、拖鞋甚至衣衫不整。走廊間交談亦須小聲，避免打擾其他住客。

9. 若要前往其他住房訪友，應先打室內互通電話（room-to-room call）知會，避免打擾親友，產生困擾。

10. 浴室內提供的消耗性用品，例如：小罐裝洗髮精、沐浴乳、潤膚乳液、香皂、牙刷、拋棄式刮鬍刀等，可以帶走。但像毛巾、浴巾、浴袍、吹風機等可循環使用的用品，屬於飯店財產，不可以帶走。

11. 不可任意損毀及污損房內器具與用品，否則須負賠償責任。

12. 許多飯店房間設有點心櫃與飲料吧（mini bar），但注意這些必須付費；有些礦泉水是免費提供，旁邊會有標示卡註明，取用時都要特別注意。

13. 準備退房（check out）時，別忘了放張紙鈔（大約美金 1 至 3 元以上）在枕頭上，表達對辛苦的房間打掃人員感謝之一。注意小費皆不可給銅板錢幣，因為此舉帶有施捨的意味，是一種失禮的舉動。

## 禮儀新視野 　不同國家的小費文化

不同國家有不同的小費文化，需要給小費的場合、對象與小費的金額都有些許差異，以下是幾個常見國家的小費文化禮儀：

| 國家 | 場合、對象 | 小費金額 | 補充說明 |
|---|---|---|---|
| 美國 | 行李員、叫車員 | 1～2 美元 | 1. 離開飯店房間前，應將給清潔人員的小費放於床頭。<br>2. 給小費時應給鈔票，不要使用零錢。<br>3. 給小費時可透過握手的方式，巧妙將小費傳到對方手中。<br>4. 左列服務人員若有提供額外服務（如司機協助提行李等），可斟酌多給小費。 |
| 美國 | 飯店櫃台、清潔人員 | 2～5 美元 | |
| 美國 | 餐廳、計程車司機 | 總額的 10～15% | |
| 英國 | 計程車司機 | 車資的 10% | |
| 英國 | 當地導遊 | 每日 2～5 英鎊 | |
| 英國 | 長途巴士司機 | 每日 1～2 英鎊 | |
| 香港 | 行李員、房務人員 | 10～20 港幣 | |
| 香港 | 高級餐廳 | 帳單的 10% | |
| 香港 | 清潔人員 | 5 港幣 | |
| 香港 | 出租車司機 | 車資以整數給付 | |
| 泰國 | 餐廳、清潔人員 | 20 泰銖 | |
| 泰國 | 按摩師傅 | 50 泰銖 | |
| 韓國、日本 | 不需給小費 | | |

**NOTE**

Chapter

# 05

## 通訊禮儀

### 研讀本章，你可以瞭解

1. 公務電話聯絡的禮儀。

2. 處理抱怨電話應對的態度與禁忌。

3. 行動電話通訊特性與禮儀。

4. 行動電話簡訊的使用性質與禮儀。

5. 行動通訊軟體的使用場域、溝通共識與禮儀。

6. 傳真使用的注意事項。

### 引言

「電話」是現代商務上的聯絡與溝通利器，在辦公場合除了網際網路之外，打電話就是即時溝通對話的重要管道。若能在電話中建立良好印象，會對工作有著非常大的助益。此外，現代人生活與工作極度仰賴網路，在通訊溝通上更是借助許多行動裝置的應用程式 app，只要有網路的地方，就可以在通訊平臺上傳輸文字、貼圖、照片及檔案等，即時迅速又方便。詳讀本章，可以瞭解使用電話與行動通訊軟體聯繫溝通時必須要知道的禮儀。

## 5-1 公務電話相關禮儀

　　講電話與面對面交談一樣，都需要一些溝通技巧。然而，電話連絡又比當面談話更注重聲音的表達。因此，如何達成有效地溝通與良好的互動，便成為電話禮儀的重點。要達到成功且有效率的溝通，有三項要求：

| 傳達正確訊息 | 目的是讓對方接受到準確的資訊，而且沒有遺漏。 |
|---|---|
| 容易瞭解 | 溝通必須是以對方能理解的方式為之，簡單明瞭，不要讓對方無法理解、留有猜測空間，甚至產生錯誤解讀的情況發生。 |
| 迅速有效率 | 當溝通目的達成，即可結束對話，切勿拖延，而有反覆鋪陳的情況發生。 |

### 一、撥打公務電話的禮儀

　　在撥打公務電話時，有以下事項需要注意：

### （一）公務電話三要原則

　　撥打公務電話的前、中、後三個時機有必須遵守的「三要原則」（圖 5-1）：

**打電話 前 寫下談話要點**

通話之前應該做好充分的準備，先寫下對方的姓名與電話號碼，並條列要溝通說明的事項，可以讓談話過程更加有條理，也可以避免漏掉一些該談的事情。若掛掉電話之後，才想起有事情沒講到又再次去電，會留給對方丟三落四的印象，工作上也缺乏效率。因此預先於紙上摘記要點，是撥打公務電話的基本動作之一。

**通話 中 力求簡明扼要**

通話內容一定要簡明扼要，避免詞不達意，電話撥通、經過簡短的招呼之後，就應該直接帶入主題，儘快將欲傳達、討論的事項一一說明。許多人在職場電話中的毛病便是容易「短話長說」，常常話題跑偏、講到其他事情，即便並無其他緊急待辦的公事，也不宜流於閒談聊天。

**談話結束 後 要由去電者主動結束通話**

當要傳達的資訊已經說完，就應當在適當時間結束通話。而結束通話的責任在打電話的人身上。若接電話的人主動提出掛電話的要求，會讓去電者覺得不想再談，也有失禮儀。除非接電話者是上司或長輩，否則打電話的人有義務主動結束通話。

圖 5-1　公務電話三要原則

## （二）先報上自己的身分

電話接通後要報出自己單位、姓名，告知接聽電話者自己的身分，再請教對方是否為想聯絡的對象。例如：「您好！我是○○公司周○○，我可以請張襄理聽電話嗎？」

## （三）慎選打電話的時機

打電話給對方應選擇恰當的時間，通常公務電話要於上班時間撥打。撥打時也要避開中午午休時段，儘量避免打擾他人休息，星期例假日亦同。如果是要撥打國際越洋電話，就必須考慮不同地區的時差問題，避免在對方的休息時間撥打電話。另外，也必須考量到對方職業與工作的特性，例如新聞報業通常晚上工作，早上休息，若有需要聯繫就得避開早上的休息時間。若有緊急狀況需要臨時聯繫，通話時也必須先向對方表達歉意，取得對方的諒解，並且言簡意賅，儘速結束通話。

## （四）突發狀況的應對

撥打電話時也常遇到一些狀況，例如撥錯電話或想找的人不在等。撥錯號碼的情況難免會有，如果撥錯號碼，應禮貌地向對方表達歉意，絕對不可連話都不說，立刻掛下話筒，留給對方無限的錯愕！掛電話的人常會以為對方不知道自己是誰，但現今很多話機都有顯示來電號碼的功能，尤其在公司裡的內線電話，知道身分非常容易，很容易造成誤解。因此，打錯電話沒有關係，適切地表達歉意即可。

若想找的人不在，可詢問接電話的人是否方便請想找的人回電，留下自己的公司行號或單位名稱、姓名、職稱與電話號碼，並向對方致謝；如果有公務急事，而負責人或承辦人不在，可委婉告知接電話者因有緊急公務，請對方協助尋找「職務代理人」或其他可代為處理的人員，並向對方致謝。

## （五）掛電話的小技巧

你是否曾在結束通話時，聽到對方掛電話的巨大聲響？或許對方是無意的，但聽起來也是相當刺耳。相同地，如果我們不注意掛電話的技巧，也可能會給對方留下不好的印象。當我們掛上電話聽筒時，可以先用手指按通話鍵切斷通話，再放回聽筒，就不會產生刺耳的聲音了。

## 二、接聽公務電話的禮儀

接聽公務電話時，有以下事項需要注意：

### （一）接電話的首要禮儀

**公務電話要盡快接聽（響 3 聲內接起較妥）**，接著先報出自己的單位與姓名，並說問候語。例如：

> 自己：「大川實業，敝姓張，您好！請問貴姓？」
>
> 對方：「喔，我姓王。」
>
> 自己：「王先生，您好！有什麼需要為您服務的？」

### （二）通話中應答的禮儀

先耐心傾聽對方的表達與整理出重點，不要隨意插話、搶話或打斷對方的說話，也不要一味的保持沉默，對談話的內容應要有適度的回應，例如：「是的」、「好的」或「我瞭解」等。多運用敬稱與敬語，將「請」、「謝謝」、「抱歉」常掛嘴邊。此外，講話時也要配合對方說話的速度。

### （三）轉接電話的禮儀

如果來電要找的人是辦公室的另一位同事，可以告知該同事的分機號碼或協助轉接電話。轉接電話時，必須追蹤來電的後續狀況，切勿讓對方久候或放置不管。若來電者想找的人不在，可請對方稍候，轉接「職務代理人」回答與處理，或是請教對方是否有公務上的急事，可否先為對方服務與處理，此點非常重要。對方若不急迫，可徵詢對方是否願意留下「單位」、「姓名」與「聯絡電話」，並記下「來電時間」，將以上資訊交給來電者要找的人處理。

有時我們不見得清楚來電者想要詢問的業務細節，如要詢問其他的同事，要按「等候鍵」或以手遮住話筒，避免與同事間的對話被來電者聽到，使來電者感到不受尊重，甚至引發誤會。對方所詢問的問題，如果超越自己的權限，或者非個人所能答覆，應該電話轉接相關業務負責人，或請對方留下聯絡資訊以便盡速回覆，切忌直接回答：「不知道」、「不清楚」、「這不是我們的業務」等。如果確定不是本單位業務，應該先跟對方致歉，並且婉言說明這件事情是由其他的單位來負責承辦，告知對方正確洽詢的承辦單位、電話號碼或是人員姓名，再請對方另行聯繫；若辦公室的電話可以代為轉接，應說聲：「請您稍候，我為您轉接」後為其轉接。

---

**禮儀小筆記**

「電話禮儀」在角色定位上，就是為民服務的第一線工作，不僅是使用禮貌的用語和抱持溫和的態度，更要有「熱心解決問題」的積極作為。「服務」的定義，不只是懂得做對事，更要懂得做對人！重點在於：

1. 為民服務須本著「同理心」，態度在於「互相尊重」以及「耐心傾聽」。

2. 當你接到民眾的電話，你表現出的語氣、內容、音調就是代表單位的形象。

3. 民眾有不懂之處才會來電詢問，問題沒有好壞，必須耐心回答來解決民眾的問題。

4. 民眾無論對或錯，態度友善與否，我們都不能以言語冒犯，先給對方臺階下，要讓對方覺得他有受到最基本的尊重。

---

## （四）處理抱怨電話的禁忌

處理公務不可能十全十美，若遇到抱怨電話，除了把握前敘之電話禮儀要點之外，也不要誤觸處理抱怨電話的「地雷」，例如：

「這事情我不太清楚，請你另外去找別人處理。」（讓人覺得推卸責任）

「不可能啦！我們從來不會發生這種問題的。」（過於武斷）

「規定就是這樣了，沒有辦法。」（讓人覺得官僚作風）

「是不是你弄錯了？」（質疑對方）

　　處理抱怨與客訴電話是一項「技巧」，更是一種「藝術」，應誠懇地與對方溝通，若是確定有所遺漏疏失，即尋求取得對方的諒解，能使對方感受到誠意，化危機為轉機，這便是電話禮儀中所能發揮的藝術。

## （五）突發狀況的應對

　　若接到撥錯的電話時，應和緩的告訴對方：「抱歉，這是大川公司，您可能撥錯電話了。」切勿直接回應：「打錯了！」然後大聲地掛話筒。禮儀的真諦，就是面對陌生人也能表現出謙和的態度與語氣。粗魯的回應，只會加深對方的歉疚感，對自己也沒有好處。

　　當你正與他人通話中，卻臨時有重要的事情被打斷時，應當先跟對方致歉，並且一定要再次主動回電給對方續談。否則可能會讓對方誤解。實務上，因為這種情況而引發不快的案例不少，不可不慎。

## （六）結束通話的禮儀

　　來電結束時，多說「謝謝」、「感謝您的來電」、「不客氣」、「如仍有不明白的地方，請隨時來電！」等。若適逢佳節，結尾適時加上：「祝您新年快樂！」、「週末愉快！」等祝福與，更會使人對公司與您個人，在形象上大大的加分。

## （七）電話的「拒絕禮儀」

　　我們常有被來電者糾纏上的經驗，對於來電者喋喋不休、傳達的內容周而復始，該如何結束通話又不讓對方覺得難堪，實在是令人感到苦惱。當你想盡辦法暗示通話應該結束了，對方仍無法察覺而繼續滔滔不絕，可以說：「非常抱歉，我要參加的會議馬上開始了，找時間再談。」或是「很不好意思，公司交通車在樓下等我，我必須立刻趕上。」等，以公事上急迫的理由，請對方見諒，相信對方不會苛責你的。

通常高階主管或是大老闆們大多不會親自接聽電話，秘書負有代為接聽與過濾之責。當接到沒有自報來歷的陌生電話時，先別輕易說出上司在場或有空，也不要隨便就讓上司接聽電話，此時應該先說：「抱歉，他暫時離開辦公室，是否方便留下您的大名與電話，再請他與您聯繫？」如果對方願意，記下對方姓名、單位與電話，再轉告上司決定回電與否；如果對方回答「沒關係，不用了」，也是表現出尊重對方的意願，不致於失禮。切勿先詢問與獲知對方的身分之後，才告知他要找的人不在，對方會覺得無端被調查來歷，心中必然覺得不是滋味，間接得罪了對方。

### 三、常見錯誤行為

前面的章節也有提過，公務電話屬於公司門面之一，因此必須特別注意不可有失禮的行為。以下統整部分常見的錯誤行為，在撥打或接聽公務電話時須特別注意：

1. 致電給他人時務必告知對方自己的身分。經常有主管認為接聽電話者認得出自己的聲音，因此經常直接切入主題，說完了也不顧對方是否確實清楚自己的身分，就直接掛了電話，有失妥當。

2. 接聽電話時要保持誠懇的態度，避免使用「氣音」，例如：「喂」、「嗯」、「喔」、「哼」等回答，應使用「對」、「好」、「好的」或「是」等回答，來明確表達自己專心傾聽的態度。

3. 講電話的音量要適中。有人唯恐對方聽不清楚自己的聲音，因此提高對話音量，但是在辦公室之中，可能已經干擾到其他同事。

4. 當接到電話代人留言或寫下聯繫電話時，會請教對方的姓名，如不確定怎麼寫要詢問對方，可以用中性或較為文雅的字句來確定。

5. 代替同事接聽電話後，務必留下來電者的姓名、溝通事項與聯絡電話等資訊並確實轉交，不可忘記轉達，因而造成誤會與公事的延遲。

6. 代為留言或傳達訊息，務必忠實記錄與告知，切勿遺漏重點、加油添醋或傳遞錯誤訊息，因而造成雙方誤解。

## 5-2 行動電話相關禮儀

　　行動電話俗稱手機（cellular phone, cell phone 或 mobile phone），現在流行的智慧型手機（smart phone）就像是個人化的隨身電子秘書，除了基本的電話接收與發簡訊之外，還可以透過網路與即時通訊軟體相互聯繫。但是，科技進步了，人們的禮儀進化了嗎？以下介紹行動電話使用相關的各種禮儀：

### 一、行動電話禮儀

1. **行動電話性質上屬「私人使用」**，彼此若因公務聯絡，儘量以對方辦公室電話為優先，若時效緊急，才撥打對方行動電話，撥通後須先告知自己的工作單位與姓名，並詢問對方是否方便通話，以免打擾對方。

2. **若遇到外界人士來電想找同事，而同事剛好不在，對方想詢問行動電話號碼另行聯絡，需謹慎考慮是否告知**。較好的方式是請對方留下聯絡電話並即刻代為聯絡，請不在的同事儘速回電。此種處理方式是避免行動電話號碼任意讓他人獲知而造成困擾。

3. 公共場合使用手機須注意，接電話時保持輕聲細語，避免大聲交談影響他人。於部分聚會與正式場合，最好將手機調為靜音或震動模式，避免手機鈴聲干擾，接電話時也同樣保持輕聲細語並長話短說，避免長時間的聊天對話。

4. 行動電話是方便個人聯繫使用，切勿留在辦公場所，避免通知鈴聲或震動聲干擾到其他人的工作情緒。

---

**禮儀小筆記**

1996 年臺北市交通局曾經推廣「優質行路環境」計畫，提出「簡、短、輕、動」四大口訣的「Motiquette 國民手機禮儀運動」。所謂的「Motiquette」就是由 Mobile 與 Etiquette 兩個字複合而成，希望民眾能響應「多使用簡訊」、「長話短說」、「輕聲細語」以及「手機轉震動」等四大守則，可謂為使用行動電話的基本要求。

---

5. 撥打行動電話時，接通後須先告知對方自己的姓名與身分，再詢問對方：「您現在是否方便接聽電話？」若對方不便接聽再另行聯絡。

6. **在公務上撥打行動電話應掌握「清楚」與「簡要」的原則**，清楚表達完畢後儘速結束通話。

7. 在辦公場合與上班時間，不應該花太多時間講私人事務的行動電話。此外，現今手機常常會接到的電話行銷，亦不應花太多時間與之拉鋸對談，無意願者應儘快結束通話。

## 二、簡訊禮儀

行動電話不只可以用來講話，更可以用文字傳送簡訊，你知道傳送簡訊也有禮儀嗎？在討論簡訊禮儀之前，必須要先確定手機簡訊的性質：

| | |
|---|---|
| 單向性 | 僅能單方面的發出訊息，不能確認對方是否已經收到訊息。 |
| 簡要性 | 簡訊有字數限制，無法在同一封簡訊中寫入太多內容，因此訊息內容都非常簡要。 |
| 輔助性 | 簡訊通常是作為輔助的角色，在其他常用的聯絡方法都無法與對方取得聯繫時使用。 |
| 非正式性 | 公商務上使用簡訊，屬於非正式的性質，在溝通上有所侷限，尤其對於長輩上司，盡量避免。 |

考量到以上性質，使用簡訊時應注意以下事項：

1. 不要透過簡訊與對方討論複雜的公務，簡短的內容很難完整表達並讓對方了解事情的原委。

2. 簡訊屬於非正式的溝通手段，儘量避免對長輩或上司使用。

3. 收到簡訊時，即使是不須回覆意見、答案的內容，最好還是回覆「已收到，謝謝」等告知，讓對方知道自己有確實收到訊息。

## 三、通訊軟體禮儀

由於智慧型手機的普及，相關的通訊軟體也跟著發達，像是「what's app」、「LINE」、「WeChat」、「Messenger」等 app 相關軟體，也成為往來溝通的重要手段，尤其 LINE 更是當今職場上非常依賴的重要角色，商務及人際溝通方式也與過去產生很大的不同。

通訊手段的改變，就要更注意使用通訊軟體的心態與溝通共識。現今使用通訊軟體，必須注意以下事項，以免尷尬、誤事甚至引發失控與糾紛：

### （一）一般使用禮儀

1. 注意傳送訊息的時間，不要在一大早或三更半夜傳訊息給他人，以免干擾到他人的作息。

2. 收到訊息儘快回覆，不要「已讀不回」，若手邊有事無法即時回應，也可先簡單回傳「抱歉，我正在忙，稍後回覆」等字句，免得讓對方有所疑慮。

3. 傳送訊息時務必確定傳送的對象是否正確，以免將不想讓他人知道的事情勿傳出去，或是打擾到不相關的人。

4. 通訊軟體上的溝通無論是私人訊息還是群組聊天，都應注意交談的禮儀，尤其是群組的訊息，成員間彼此都看的到，容易人多嘴雜，引發紛爭，須特別小心；應將群組的設立看待成一種公開留言的平臺，也要約定發言使用規範，以儘量避免負面的情況發生。

### （二）公務使用禮儀

雖然現今多數職場都依賴通訊軟體作為溝通手段，仍須注意自己的單位或公司在哪些事務上可以使用通訊軟體來溝通。一些有關商業機密的事務可能就不太適合使用通訊軟體來處理；或者是需要請假時，應以公司正式規定的流程為準，不可單純使用通訊軟體告知主管，就當作是請假完成，這樣會讓主管感覺到不受尊重，引發職場上的關係衝突。

## 禮儀新視野　公共場合使用手機的基本道德

　　隨著智慧型手機的日新月異與普及，人人重度依賴手機已經無法避免，當今對於愛好低頭滑手機的族群，俗稱為「低頭族」，英語稱之為 Phubber，這是由 phone（手機）＋ snubber（冷落他人者）所組合而成的字，指不管在任何場合（如搭車、排隊、走路等），或是跟家人、朋友一起吃飯，都習慣端著手機或平板電腦低頭查看，甚少與身邊的人講話，即使偶與身邊人交談，也只用一些極簡短的話語回答，之後又回到電子螢幕上，繼續沉浸在自己的世界中。

　　低頭族在公共場合的行為，有哪些會現象對公眾造成不良的妨礙與影響？低頭族常出現的現象便是「傻走」（dumb walk），亦即邊走在路上邊盯著手機，注意力完全不在路況上，這種行為非常危險，不只容易撞到人，一不小心還會忽略路上車輛，把生命安全當成玩笑。「呆站」也是低頭族的不良行為之一。常見到路上低頭族只顧滑手機而任意停下，擋住後方行人去路、捷運車廂或公車入口，影響他人動線，是非常缺乏公德心的表現。

　　因此，除了前面提到的手機禮儀之外，最好也能遵守以下事項，提醒自己不要成為影響他人及自己安全與大眾便利性的「麻煩製造者」：

1. 戒除走路滑手機的習慣。

2. 開車、騎車時千萬別滑手機。

3. 要停下使用手機時切勿停在路中央或擋住出入口。

4. 在公共場合使用手機或平板看影片，請使用耳機，
   聲音不外放。

公共場合
收看影音
注意事項

# NOTE

Chapter

# 06

## 介紹禮儀

### 研讀本章，你可以瞭解

1. 在社交與公共場合中如何認識他人。
2. 在哪些場合可以藉由介紹拓展人脈認識他人。
3. 在介紹的場合中有哪些角色。
4. 介紹的次序與原則。
5. 見面時的握手禮儀。
6. 自我介紹時的注意事項。
7. 擔任介紹人應注意的要點。

### 引言

在商務場合或私人交誼上，為了公務交往或是擴展人脈，常常採取的有效方式就是靠「介紹」，從而擴展業務的觸角，豐富各種領域的資源，這是非常重要的一種商務的活動行為。因此，對於這方面的規範、共識與約定俗成，便形成了公商務場合中的「介紹禮儀」。而介紹之間，有哪些應遵循的行動原則與遵守的注意事項，可讓雙方感覺到尊重而樂於認識彼此，又有哪些禁忌要避免的？熟知本章節各項要點，可以讓你未來在職場上各種場合都受歡迎，拓展寶貴的人脈與建立人際關係。

## 6-1 介紹的情境與角色 ——————————————

　　大致上來說，只要是與不熟識、初次見面的人有所接觸的機會，例如：拜訪、會議、宴會、酒會、典禮、社交場合（如私人宴會或其他聚會等），就會用到介紹作為交流的開始（圖 6-1）。只要能促進陌生者彼此之間認識的機會，「介紹禮儀」就有適用之處。

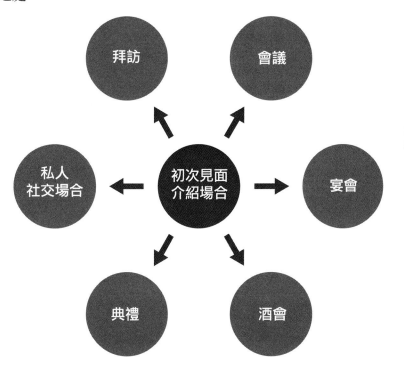

圖 6-1　介紹適用的場合

　　在許多場合都會運用到介紹，在進行介紹時自然也有各種不同的情境與角色扮演。一般來說，介紹當中的角色可分為「介紹人」與「被介紹人」兩種，而不同的介紹情境如下（圖 6-2）：

# 1 自我介紹

一般社交場合兩人交流時，做自我介紹讓對方認識自己，自我介紹者同時是介紹人與被介紹人。

# 2 第三人介紹

由同時認識兩方的第三人擔任介紹人，將兩人互相介紹給彼此。

# 3 介紹多人

例如一行人拜訪個人或公司組織，由主賓擔任介紹人，將賓方人員依職位高低一一介紹給主人。

# 4 司儀介紹

在公開的活動儀式中，由司儀擔任介紹人，宣布賓客姓名、職銜及所屬單位，一一介紹給出席活動者認識。

圖 6-2　介紹的情境

在商務場合中，同一人可以擔任介紹人，也可以擔任被介紹人。把各種角色的應對方式與注意要點，依循下敘內容的提醒，就能在介紹的場合中適切的讓大家認識彼此，並拓展良好的人脈與關係。

## 6-2 介紹的禮儀

### 一、基本注意事項

在做介紹之前,有幾件事情需特別注意:

1. 介紹之前,介紹者應先考慮被介紹者之間有無任何顧慮或不便,必要時可先徵詢當事人的意願或意見。

2. 如有國際人士在場,想要為不同國籍人士介紹之前,要先考慮兩國情況或國際情勢,如果兩國交惡,貿然介紹恐產生尷尬的情況。

3. 不可打斷他人談話進行介紹,應該等候對方對談稍有停頓或結束時再進行介紹。

4. 不宜為即將離去者進行介紹。

### 二、介紹的次序

介紹時,根據位階身分不同,也有介紹的次序不分,若搞錯順序便是對他人失禮,因此需謹記介紹的次序,以下分別說明擔任介紹人與自我介紹時的次序禮儀:

#### (一)介紹人的介紹次序

擔任居中的介紹人時,應遵守以下次序原則進行介紹(圖6-3):

### 1.先將男士介紹給女士　　2.先將年少者介紹給年長者

 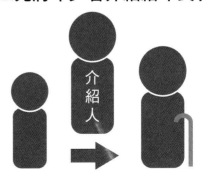

圖 6-3　介紹的次序

## 3.先將低位者介紹給高位者

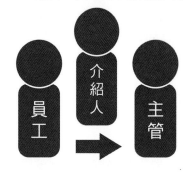

## 4.先將資淺者介紹給資深者

## 5.先將賓客介紹給主人

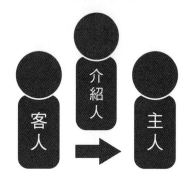

## 6.先將個人介紹給團體

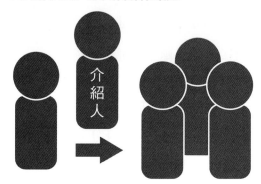

（續）圖 6-3　介紹的次序

## （二）自我介紹的介紹次序

需要自我介紹時，應遵守以下次序原則：

1. 女主人與來賓互不認識時，來賓可先作自我介紹。

2. 在正式晚宴中，男士不識鄰座女士時，男士須先作自我介紹。

3. 酒會、茶會或宴會遇到出席的陌生賓客時，彼此可互報姓名作自我介紹。

4. 會議中如有業務的對口單位，出席者可相互自我介紹。

在公務場合中，不論是經由他人介紹或是自我介紹，還會搭配名片的遞送，因此「介紹禮儀」與「名片禮儀」是密不可分的。「名片禮儀」會於下一章中詳細說明。

## 三、進行介紹時的應對禮儀

當被介紹人介紹給對方時，除了稱呼對方的姓與職稱之外，還要再加上「您好」、「幸會」、「久仰」、「請指教」等敬語，眼睛看著對方，面帶微笑並且語氣堅定，主動握手或點頭致意，如此才是有禮貌的表現。此外，自我介紹或同時被介紹給多人認識時，也務必遵照以上的動作要點，使每個人都能感受到你的誠意。

介紹時最常進行握手禮，行禮時必須注意以下要點：

1. **職場上男士與女士雙方初次見面，基本上點頭致意即可。如行握手禮，必須是女士主動伸出手後，才能伸出手來握手**，如果女士沒有伸出手，男士就不可貿然伸出手來。同理可證，在一些國際場合，不論是「擁抱禮」或是「親吻禮」，也是「女士主動」原則。

2. **由「位高者」主動伸手，另一方跟隨握手即可。**

3. 握手的力道方面，不用重握但須紮實有力，切勿只輕握手指部分，或讓人感覺無力，這會讓對方感覺不到你的誠意。也不要左右搖晃，或是在握手時用另一隻手輕拍對方臂膀。

## 四、介紹人的禮儀

若有機會擔任介紹人，除了前面提過的介紹次序外，還有以下事項需要注意：

1. 為他人介紹時，要說明被介紹人與自己的關係，以便對方基於對自己的信任而願意結識另一方。

2. 介紹雙方認識之前，應充分瞭解雙方相關的重點資料，包括姓名、任職公司單位與負責業務等資訊，以免張冠李戴或傳達錯誤訊息。

3. 介紹人須注意肢體動作的表達，可以伸出手掌向上約 45 度傾斜，自然的指向被介紹的一方即可，切勿比手劃腳使雙方同感尷尬。

4. 介紹人為雙方傳達簡單的重點資訊後，不可再過於滔滔不絕、瑣碎補充，甚至是誇耀事蹟或是渲染背景，應將對談機會交還給被介紹的雙方。

Chapter

# 07

## 名片禮儀

### 研讀本章，你可以瞭解

1. 名片在人際交往中的重要性。
2. 名片印製的規範與重要原則。
3. 交換名片的方法與禮儀。
4. 名片禮儀的注意事項與禁忌。

### 引言

名片在中國古代即存在，當時稱之為「名刺」，是將自己的資料書寫在竹片或木片製成名帖上，用以求見某人之用；而西方的名片，則源於法國 17 世紀路易十四時期的「參訪卡」。不論中西方，名片的作用即是在求見時讓主人知道來者是誰。

時至今日，在繁忙的工商社會，人們並沒有太多時間以口說的方式介紹自己或他人，因此，以呈遞名片的方式來介紹自己，一則迅速方便、二來簡單詳盡而一目了然。在職場上，不論受公司聘用或公司聘用或從事專門技術工作，都會印製名片。在公務或商務場合中，交換名片就成為職場上第一個標準動作。

## 7-1 名片設計與印刷原則

　　在探討交換名片的禮儀前，要先了解正式的名片規格與設計原則，製作出屬於自己的名片。**一般公部門的名片多採白色或米色紙張橫式印刷（由左至右中文橫式）**（圖 7-1），**標準尺寸採寬 9 公分、高 5.5 公分**，一般名片簿也都是此標準規格。若名片印製的尺寸超過此標準，常會因為不便收存導致遺失，因此建議公商務上使用的名片，還是採標準規格較好。

圖 7-1　名片常用的橫式印刷

　　至於名片的內容，必須註明公司名稱、所屬單位、職稱、姓名、電子信箱、聯絡電話與傳真電話，再加上部門、單位的識別標誌，公司單位如有公版設計則以公版為準。此外，如有「博士」或「大使」等頭銜，也可以加註於名片上，至於碩士及以下的學位，就不需特別註明了。

　　在名片設計上，公部門或部分公司單位通常有固定的公版設計，製作上較為簡便，僅需更換個人資料的文字內容即可，但相對較無個人特色；有些公司單位則較無硬性規定，設計上就可利用色彩與圖案的安排展現自己職業的特性或個人風格，發揮空間較多，也可以利用燙金、打凸打凹等特殊加工，使名片更有質感，也可讓收到名片的人留下深刻印象。

　　名片字體的選用上，建議使用標準的印刷體或標楷體，若想做特殊設計，也應選用較易辨認與閱讀的字體，避免收到名片的人看不懂。姓名與公司單位是最重要的兩個資訊，因此字體不宜太小，往後對尋找時也較為方便。此外，**如果在工作上有與外賓接觸的機會，名片背面可加印英文版資訊，使外賓也能順利閱讀。**

## 7-2 交換名片的禮儀

### 一、使用名片的時機

　　一般會使用到名片的時機有以下幾種情況：

1. 在公務或社交場合，有人將你介紹給他人時。

2. 在會議開始之前，與會者可互相交換名片時。

3. 在各種場合希望認識對方，做自我介紹時。

4. 希望獲得對方名片，以便日後聯繫並發展關係時。

5. 雖然已經認識，但通知對方自己已經改變工作單位、職位或聯絡方式時。

介紹與
名片禮儀

### 二、交換名片的注意事項

　　名片代表著一個人，因此交換時也有需遵守的基本禮儀與注意事項，以下是交換名片時需注意的要點：

1. **遞送名片給對方時態度要謙恭有禮，雙手拿著自己的名片上方，字樣正面向著對方遞出**（圖 7-2），如對方為外國人士，則印有外文的那一面朝上遞出。將名片呈送給對方時，**雙手高度勿過低，同時介紹自己的姓名與職稱，並加上「請多多指教」等敬語。**

圖 7-2　遞名片的正確手勢（圖為從收名片者角度看過去的狀態）

2. 雙方如果知道彼此的地位高低，地位較低者要先奉上名片後，地位較高者再回遞名片。如果是地位崇高者或是女性，也可以選擇不回遞名片，並不算失禮。

3. **如果現場須同時遞名片給多人，順序要「由尊而卑」、「由近而遠」**，配合前一章所說明的「介紹禮儀」中的次序遞上名片。

4. 遞送名片介紹自己時，地位高的對方可以坐著不需站起。如果不清楚彼此地位高低狀況，站著遞名片方為禮貌。

5. 收到對方的名片時，不可馬上收進口袋、皮夾或公事包中，會讓人感覺不受到重視，應該以雙手恭敬的接下，手的位置也不要太低，**仔細看過對方名片的內容之後，再複誦對方姓名與職稱，配合「請隨時聯絡指教」等敬語，再謹慎收妥。**

6. 名片如同職場上的身分證，因此名片禮儀的第一要務，就是養成隨時攜帶足量名片的習慣，並且放在名片夾之中，能夠隨時迅速取用遞給對方，甚至在出席某些人數眾多的正式場合，例如大型會議、晚宴與商務拜會時，還必須加量準備，以避免名片不足的尷尬情況。

總而言之，名片禮儀中的遞送與收受，都是一種很自然的動作，基於「禮尚往來」的原則就好。但仍須謹慎考量是否真的有要求對方名片的必要性，以免對方有所疑慮而產生遲疑的情況。就名片禮儀的原則而言，基本上不宜向對方請討名片，特別是對於地位或職位比自己高的人士或女性。若因業務所需，希望得到對方資訊與聯繫管道，建議的方法如下：

1. 禮尚往來：先遞出名片，對方基於禮貌，多半也會回給你一張名片。

2. 禮貌請求：「您好！我是○○公司副理○○○（同時自己先遞出名片），可否惠賜一張您的名片，方便聯絡與請教？」。對方願意的話就沒問題，如果對方有些託詞，例如：「不好意思，剛好用完了……」、「抱歉，剛好沒帶名片……」，就要識趣的轉開話題，不再強求對方留下聯絡方式。

3. 言談暗示：例如於短暫交談後告知對方：「對於業務將來會有再次接觸的機會，不知道怎樣跟您聯繫好方便請教？」在這情況下，對方多半會給名片，若無正面回應，這就是間接拒絕的意思，就不要再索求名片了，以免雙方都尷尬。

**禮儀小筆記**

名片屬於個人在工作上的資訊，並無義務一定要向對方提供。例如，雙方地位或身分相差太大、自己對對方有所顧慮，或是並無認識對方並與其聯絡的意願，就不需要給對方名片，但禮貌上必須有一套婉轉的說詞，例如：「不好意思，名片都用完了，下次一定補呈上」、「有機會主動跟您聯絡」等說法，也同時給對方一個台階下。

## 7-3 名片管理 ——————————————————

在工作場合上收到一張名片，就代表著新認識一位人士，也意味著人脈有不斷延展的機會。然而，如何妥善利用名片來作為「人脈管理」的工具呢？以下說明幾個名片管理的要點：

### 一、妥善收存名片

隨著接觸的各界人士越來越多，累積的名片也會不斷增加。一般人都會將名片放入一本本的名片簿之中，然而因為存放缺乏彈性，常使得名片混在一起、雜亂無章，臨時找也找不到、要記也記不住。因此，建議採用旋轉活頁式的名片簿，以標籤註記的方式來分門別類，當名片增加時，可以隨時插入適當位置，方便日後查閱（圖7-3）。當然，也可以將名片資訊輸入電腦或智慧型手機 APP 等行動裝置，透過電子檔案的形式儲存、查詢、增修、註記與排序，將名片管理數位化，對自己的人脈管理與相關工作將更有助益。

圖 7-3　以旋轉式活頁簿加上標籤分類管理不同領域人士的名片

### 二、定期整理名片

最好每隔一段時間，就將手邊的名片重新檢閱與整理。知道對方已離開名片中的職位、或業務上已經許久不曾接觸與聯絡的人，可以將該名片另行整理留存，但暫時不要丟棄，因為你不知何時會重新需要這些冷門名片，如果有機會與某位人士再次接觸，這些舊名片也是與對方交往認識的「過程」與「履歷」。

### 三、註記相關資訊

收到他人名片時，可以註記上對方的一些額外資訊，但要特別注意，**不要在收下的同時當面寫在對方的名片上，應於事後再加以註記，然後歸檔於名片簿之中。**當你要與對方再次見面前，就可以翻出對方的名片，重新熟悉對方相關的資訊，在見面時讓對方感受你一次就記住他，甚至可以接續前次見面的話題。如此一來，他對你的感受一定大為不同。所以，建立公務上的實用人脈，甚至能夠在職場上脫穎而出，就從「名片管理」開始做起！

## 7-4 名片的注意事項與禁忌

除了前面提及的禮儀要點之外，還有一些須注意的事情如下：

## 一、名片不宜「集大成」

常見有人將多項事業與職稱一一列於名片上，似乎事業做的很大，還有人公司單位與職稱多到名片必須做成摺頁，連得獎經歷、曾任職務也詳列於上，一張名片琳瑯滿目，成了個人的履歷表或是廣告宣傳單，收到名片的人，心裡會有何感覺呢？一則會覺得他是個大忙人，二則會給人一種事業不專精的感覺。

因此，**如果同時具有多項頭銜與事業，要因應領域的不同，分別印製不同單位與名銜的名片。**例如，你在某公司有工作，就印製一款該公司職位的名片，執行該公司的相關業務時，就應該使用代表公司的名片；同時，你還有在學校授課，或是在學術單位兼任研究工作或擔任行政職務，就另外印製一款學校教職或其他單位的名片，在相關學術場合或是代表教職身分的時候使用。千萬不可將不同領域的名片混合使用，或是將所屬的全部單位、頭銜與職位全都印在同一張名片，如此會帶給他人術業不精的形象，不可不慎。

## 二、不須揭露過於私人的資訊

　　基於公商務職場上公私有別的原則，名片內容不需提供個人行動電話，甚至是私宅電話。但若是屬於具有業務行銷性質的工作，必須隨時提供服務以爭取業績，就可以印上公司所提供或是自己的行動電話號碼，或是通訊軟體的連絡資訊，以便更即時與客戶連絡，這純粹是根據行業以及工作性質所做的考量。

## 三、不隨意塗改名片

　　名片就等於一個人的面子，**如果有更換部門、電話等的資訊，不可因為省錢或嫌麻煩，直接用筆劃掉或用修正帶塗抹修改自己的名片**，如此將使對方對自己的印象大打折扣。同樣的道理，**接受他人的名片時，也不要當面提筆註記額外資訊**，這就如同在他人臉上寫字，實在不妥。此外，若名片有折痕或污損，就不要再使用，避免給對方留下不好的印象。

## 四、收發名片的禁忌

　　除了前面提到過的收發名片時的基本禮儀，一些細節事項提醒如下：

1. **如非必要，勿主動向女性、地位階層有明顯差距的人或知名人士索取名片**。

2. **在公眾場合，切勿盲目廣發自己的名片，一定要經過「介紹禮儀」的程序**，否則會讓人覺得自己的名片沒有價值，甚至懷疑是不是想要藉機推銷自己，或是具有某些目的才出現在這場合。

3. **收到對方名片後，不要有把玩名片等輕浮的動作**。

4. **在告辭或離席時，放在桌上的名片一定要記得帶走，不可忘記**。

## 五、東西文化的差異

　　東西方文化在遞送與收受名片的禮儀上，對於手部動作的要求有些許的觀念差異。華人與日本人會要求以雙手遞收名片才符合禮儀，日本人習慣上還會同時進行30度鞠躬；歐美人士則多以單手遞收名片，並不失禮，但以單手遞收名片時，另一隻手不宜插在口袋裡。

　　「名片禮儀」是緊接著「介紹禮儀」而來，兩者相輔相成，成爲職場上的重要儀式與禮儀動作之一，有了良好的開始，才能建立起廣大有效的人脈。從介紹、認識、握手到交換名片，每個細節環環相扣，成爲職場形象上的重要起點，只要把握好所有的禮儀要點，就能贏得他人的尊重，獲取他人的好感，建立起人脈，讓自己的工作更加順利！

**禮儀 新視野　國際名片進階使用禮儀知識補充**

　　名片的用途十分廣泛，主要除了商務或社交場合介紹時使用，也可以用於公務贈禮、拜訪、致賀、慰問等，在名片上也可以留下簡短附言，表達相關情意或事項。

1. 在本國的場合，可以在贈禮時附上自己的名片，名字後面寫上「敬贈」；在拜訪他人未遇時，可以向家人或管家留下名片，並註記「專程拜訪」字樣。另有一種作法則是在名片右上方摺角，表示親自拜訪之意，此法對於國際拜訪場合亦適用。

2. 在國外或對於西方人使用名片時，有使用法文縮寫字母的固定用語。不同的場合使用不同的縮寫寫法：

    (1) P.P.（pour presentation）：通常用於把一個朋友介紹給另一個朋友時使用。當收到一個朋友送來左下角寫有 "P.P." 字樣的名片，還有一位陌生人的名片時，目的就是介紹一位新朋友，此時應該給這位新朋友送一張名片，或打個電話向對方自我介紹與寒暄。

    (2) P.F.（pour felicitation）：用於節日或其他固定紀念日表達祝賀之意。

    (3) P.C.（pour condoleance）：在某人逝世時，表示慰問與弔唁之意。

    (4) P.R.（pour remerciement）：在收到祝賀信、禮品、接受款宴之後，表達感謝之意。

    (5) P.P.C.（pour prendre conge）：在離開辭行時使用。

3. 依照西方社交禮儀，男性拜訪一個家庭時，應分別給男女主人各一張名片，再給該家中超過 18 歲的女性一張名片。而女性去他人家中作客，則應給該家庭中超過 18 歲的成年女子一張名片，但不宜給男性名片。

Chapter

# 08

## 國際通行
## 行禮方式

### 研讀本章，你可以瞭解

1. 國際間通用的行禮方式。

2. 各種行禮方式適用的場合。

3. 各種行禮方式適用的對象。

4. 其他特殊行禮方式。

### 引言

國際間常用的敬禮致意的方式，有些我們時常能在新聞媒體、報章雜誌，甚至是一些影視作品中見到，例如握手禮、舉手禮、親吻禮、擁抱禮等；但有些特定場合使用的禮儀，或各國當地的特殊禮儀，就不一定會那麼瞭解，終生可能都沒有機會使用到。在國際間交流活動，不論有無機會採用本章所介紹的各種行禮方式，至少見到時就不會不明所以而大驚小怪了。

## 8-1 國際通用的行禮方式

　　國際上通用的行禮方式有：立正與注目禮、舉手禮、扶手禮、頷首禮、握手禮、鞠躬禮、擁抱禮、起立鼓掌致意與持槍禮，以下分別介紹不同行禮方式的適用場合、對象與動作要點：

## 一、立正與注目禮

　　「立正」與「行注目禮」可以說是一個行禮動作的兩個階段，在行注目禮之前一定要先立正。敬禮時基本姿勢要點是兩腳跟靠攏、腳尖向外分開約45度、兩肩平放、抬頭挺胸、目光直視向前、雙手輕輕握拳貼齊大腿外側（圖 8-1）。通常軍人、警察或者是團隊訓練中的組成份子會使用到立正，適用的場合多在參加聽訓、檢閱、集會、訓練等時候。而現場長官在校閱或移動時，行禮者目光跟著長官移動，便是行「注目禮」（圖 8-2）。

圖 8-2　軍官的立正與注目禮

圖 8-1　國軍的立正姿勢

## 二、舉手禮

圖 8-3　舉手禮

舉手禮多半是軍人、警察、學生或童軍等身份使用，成人用五指併攏的手掌舉手敬禮（圖 8-3），童軍用中間三個手指頭（代表智、仁、勇）。舉手禮在室內或室外、行進中或立定間都可以行禮，戴帽不戴帽也都可以行舉手禮。但舉手禮一般用在較正式的場合，一般人在日常生活社交往來上，通常不使用舉手禮。

## 三、扶手禮

圖 8-4　扶手禮

扶手禮適用於文職官員所行之禮（軍官用舉手禮），敬禮的標的物可以是「國旗」、「國歌」等具有崇高意義的對象，常可以看到元首在檢閱儀隊，或在國際與其他正式場合演奏國歌時使用。行禮方式為採立正姿勢，將右手手掌貼於前胸約心臟下方處（圖 8-4），手勢位置不可過低，別人會誤以為行禮者是不是肚子不太舒服。扶手禮於行進間（例如檢閱部隊時）也可使用。

---

### 禮儀小筆記

「文人」（或指文官）在外交場合中行禮，只有「頷首禮」、「鞠躬禮」、「握手禮」以及「扶手禮」；有時在正式場合中見到官員向國旗與國歌致敬的方式，有的用扶手禮，有的只有立正，還有人穿西裝還舉手敬禮。或許是因為在國內男性許多人都服過兵役的緣故，舉手敬禮成了習慣，其實這是不正確的行禮方式，因為嚴格來說，身分已經不再是軍警人員了，專屬於行伍間的禮儀也應該隨之改變，如果原是軍中部屬與老長官之間見面行舉手軍禮，這是基於故舊情誼的行禮，反而有著不一樣的意義，是可以接受的。

## 四、頷首禮（點頭禮）

　　頷首就是點頭，行禮時就是「點點頭」與「微微笑」，有時上身會一併微彎，但還不到鞠躬禮的程度。不管是平輩間，還是長輩對晚輩、主管對部屬，或者是師長對學生等，行點頭禮是很常見的致意方式。這種行禮方式簡單又方便，不管是商務場合還是日常人際交往都非常適合，且不會有肢體接觸，衛生又不會讓人困窘。男士戴帽時，要先用右手脫下帽子再行點頭禮，但軍警人員穿著制服時（特別是戴著軍警帽時）不適宜行點頭禮，在室內不戴帽時，才可以行點頭禮。

## 五、握手禮

　　握手禮是當今最為通行普及的行禮方式，不論各階級性別與地區民族，在國際場合中都適用。握手禮的由來，一說是古代歐洲人為表明手中未帶武器，伸手握住對方以表示友善，演變之後便形成「握手之禮」。行禮方式是雙方伸出右手，姆指張開，以手掌虎口相對互握（圖 8-5），力道適中不要過重，也不要過輕或僅抓住對方手指，這會讓人覺得沒有誠意。

圖 8-5　握手禮

　　因為「握手禮」在國際間非常通用，所以相對禮儀要點也比較多，例如對於「握手誰主被動」的問題，**應該由長輩、上司、主人、女性主動表示握手之意，才能隨之握手，地位比對方高，才可以居主動握手的身分。**可以先行 15 度鞠躬，如果對方主動握手，就同樣握手回禮，如果對方頷首微笑致意，那麼對方也就算是回禮了，不必強求握手。

---

**禮儀小筆記**

握手禮有肢體上的接觸，因此在社交上與公務場合中保持手部清潔與乾燥是基本禮貌，如果因為工作關係或其他原因不方便握手，事先委婉說明也不失禮貌。如果因為手汗問題會不好意思與他人握手，可隨身攜帶手帕擦拭，就不用因害怕與他人握手而產生誤會。

---

## 六、鞠躬禮

鞠躬禮是東方社會（特別是日、韓及華人社會）中很常見的行禮方式之一，行禮時雙手貼腿併攏，立正後彎腰鞠躬，上半身傾斜至特定角度，行禮完畢後再恢復立正的姿勢。通常來說，鞠躬角度愈大則敬禮的程度愈強，代表含意也有些許不同，不同角度的意義如下（表 8-1）：

表 8-1　不同鞠躬角度的含義

| 15 度 | 適用於向平輩、同等位階或同事間使用的行禮方式，用於相見時的問候、請安、請託、致謝、致歉等禮節。頷首禮（點頭禮）與 15 度鞠躬禮間的不同處，在於點頭禮主要是頸部的彎曲，而鞠躬禮是腰部的彎曲。 |
|---|---|
| 30 度 | 適用於向高階主管、年高德劭的長輩或位階較高的賓客所使用的行禮動作，對禮賓人員的工作來說，這也是標準動作之一，是禮待賓客與尊敬長上的最敬禮，不論在商務或社交場合都適用。 |
| 45 度 | 45 度的鞠躬通常用於向人賠罪道歉，就是對人感激致謝等較強烈的禮節表達，一般禮賓時較不會使用到。 |
| 90 度 | 90 度的鞠躬禮較偏向專屬於日本人特殊意涵的行禮方式，用於謝罪等較嚴重的場合。 |

Chapter 08 ｜ 國際通行行禮方式

## 七、擁抱禮

擁抱禮是一種相當友好親善的行禮方式，特點是「熱情」且「自然」。擁抱禮用於同性或異性之間均可，行禮方式是彼此張開雙手，右手從對方左肩上方摟住，左手從下方往背後環抱，右手還可輕拍對方的背部（圖 8-6）。除了見面以外，分別時也可以行此禮，用以表達珍重與祝福之意。國人彼此之間較不習慣與不甚熟悉的人用這種方式表達心意（親人之間較有可能），但在國際場合中，這卻是再自然也不過的禮儀表達方式。

圖 8-6　擁抱禮

## 八、起立鼓掌致意（Standing Ovation）

在多人聚集的正式場合，例如大會、宴會、典禮等等，如果有地位很高的人士蒞臨或離場，為了表示崇敬之意，在座的其他人員會起立致意，再加上鼓掌的動作（有時會由司儀宣布），所以「起立」與「起立鼓掌」是一種眾人集體表達敬意的行禮方式（圖 8-7）。

## 九、持槍禮

持槍禮是專屬於軍人的禮儀，適用於持槍部隊接受校閱時敬禮使用，或者是衛哨見到長官到場時的行禮方式，行禮方式是當被敬禮者走到持槍者的面前時，將所持之長槍直豎於身體中央前方，槍的上方向自己，左手緊握槍的上方，而右手端於下方，同時行注目禮。行禮的時間都要聽從指揮官的口令，禮畢之後放下持槍而恢復原來持槍姿勢（圖 8-8）。

圖 8-7　起立鼓掌致意

圖 8-8　持槍禮

123

## 8-2 其他特殊行禮方式

　　各個國家或地區因為風俗文化的不同，也會有一些獨特的行禮方式，以下列舉幾種特殊的行禮方式：

### 一、拱手禮

　　拱手禮是中國自古就有的行禮方式，古時稱為「作揖」，行禮方式為一手虛握，用另外一隻手抱住。兩手略為彎曲，相疊於胸前或偏上，形成一個「拱形」（圖8-9）。拱手禮也衍生用於「道賀」或者「答謝」時的行禮方式之一，這項禮儀原本就有著那麼一些「古意」，但自從多年前流感疫情肆虐之時，衛生單位就曾經倡導「拱手不握手」的行禮方式，可見「禮儀」表達的方式，除了時尚流行之外，還跟「衛生」有關。拱手禮可避免握手的拘束與某些個人的因素考量，也不受距離的限制，可以作為遠距離答謝致意的行禮方式，不過這種方式在國人之間比較適用。

### 二、合十禮

　　一般來說合十禮是屬於佛教的宗教禮儀，行禮方式為雙手手掌相對貼合，舉於胸前（圖8-10），對於僧侶比丘尼等可行此禮。另外，在泰國、印度也常行合十禮，合十表達的手勢方式（上下方的高度）還可以分成許多種，各有其適用的身分限制與含意。

圖 8-9　拱手禮

圖 8-10　合十禮

### 三、吻手禮

　　吻手禮常用於歐美的上流社會社交場合中，男士與女士見面時，由女士主動表示，伸出手掌並且手指下垂，男士意會後再提起女士手指，作輕吻的樣子（不能真的吻下去），以表示對女士的禮貌與尊重（圖8-11）。一般來說，不可對未婚以及年輕女性行吻手禮，此禮在國際場合已經不太常見。

圖 8-11　吻手禮

### 四、吻頰禮

　　在歐美、中南美洲國家男女之間，為了表示熱情問候多行吻頰禮，特點是男女間誰主動都不失禮。一般吻頰的次序是先向自己的右邊親吻，再向左邊親吻，總共吻 2 次，若是吻 3 次時，就再向右邊親吻（圖8-12）。親吻時嘴唇在對方耳際發出輕輕的「啵」聲，但只是禮貌性的做親吻狀，可別真的吻下去還留下口水，胸部也別真的緊貼一起，那可就失禮了！亞洲人對於此種行禮方式相當生疏，除非是縱橫國際社交場合的資深外交人員，否則沒把握可別亂行此禮，最好還是服膺「跟隨原則」，對方主動時再回應。

圖 8-12　吻頰禮

### 五、碰鼻禮

　　紐西蘭毛利人在彼此初見面時會相互用鼻尖互觸表示友好（圖 8-13），這便是專屬於每一地區某一民族特殊的行禮方式，所以到一個地方入進問俗，用他們慣用的方式表達，也是符合禮儀的方式。

圖 8-13　碰鼻禮

## 六、摸腳禮

圖 8-14　摸腳禮

在印度傳統上有向尊長行摸腳禮的習俗（稱爲 Charan Sparsh，Charan 是腳的意思，Sparsh 是碰觸的意思），行禮方式一般爲彎腰用手碰觸尊長的腳（圖 8-14），或是更高階一點，用頭碰觸長輩的腳。摸腳禮又可簡化爲先用右手碰自己的額頭，再象徵性的點向尊長腳部方向的動作。摸腳禮在印度仍很流行，有機會得見此一行禮方式，可別大驚小怪了！

## 七、屈膝禮（Curtsy）

圖 8-15　屈膝禮

國際通用
行禮方式

屈膝禮是專屬於英國王室成員行的禮節，王室女成員行禮時左腿向前屈、右腿向後伸（相反過來也是可接受的），之後兩手端裙腳下蹲行禮（雙手也可自然放於身側或與行禮對象握手）（圖 8-15）。嚴格來說只有英國王室女成員才能行此禮，不過也許是因爲全世界的女孩從小就受到童話中王子與公主故事的薰陶，以致於在國際媒體報導中，常見許多女性官員見到英國女王，都會行此屈膝禮。

對於各地特有的行禮習慣與風俗，以上僅爲一部份較有機會碰到的例子，其他地方與民族的特殊行禮方式無法一一列舉討論，但已將不少國際間通用與習用的行禮方式介紹完畢。熟習這些行禮方式，下次到了不同國家、不同的場合，以及面對不同的人士，定可以恰如其份的行禮，而不會有不適當的舉動而貽笑大方了！

**禮儀小筆記**

一般行禮時應符合「位階原則」，由職位 / 地位較低者向職位 / 地位較高者敬禮，年輕者向年長者敬禮（握手禮與吻手禮除外，這兩種行禮方式必須遵循「女性先動作」、「高階者先動作」兩大原則）。若身分、地位、年紀皆相仿，則不分先後，相互敬禮即可。

此外，在室內有所謂「三脫」原則：脫帽子、脫手套、脫墨鏡，室內敬禮時應除去這些物品。但若是地位崇高者或女士，可不脫帽及手套，像是英國女王即是如此。

Chapter

# 09

## 餽贈禮儀

### 研讀本章，你可以瞭解

1. 送禮型態的分類。

2. 選擇禮品的基本原則。

3. 送禮的禁忌事項。

4. 送禮的適當時機與方式。

5. 商務餽贈的名片禮儀。

6. 送禮的分寸拿捏。

7. 如何選花與送花。

8. 禮花花卡的題辭與落款禮儀。

9. 贈花禁忌與注意事項。

### 引言

《路史》中提到：「禮輕人意重，千里送鵝毛。」後人常引用這段話，雖然禮物輕薄，但卻深藏著濃厚的情意與心意。各種場合上的禮品餽贈，必須先懷有一份誠懇的心意，目的是希望能讓對方感受到我方的友好與誠心。禮品只是一個「工具」與「媒介」，希望藉此達成彼此情意上「搭橋」的工作，這便是餽贈禮儀的真諦。

本章說明國際商務與個人交往餽贈的觀念，如何挑選適合的禮品，也針對一般禮儀書籍很少提到的「送花禮儀」做說明，舉出各種場合的應用實例，更加貼近禮儀實務工作所需的知能。

## 9-1 贈禮的原則與禁忌

不論是個人日常交際的送禮，亦或是公務場合、國際正式場合等餽贈，都有需注意的送禮原則與送禮禁忌，送禮時須謹慎注意不可觸犯相關的禁忌，以免冒犯送禮的對象，反而失去了餽贈的意義。

### 一、贈禮的種類

在討論贈禮的原則與禁忌前，需先區分清楚不同類型的贈禮。贈禮根據其性質，可以分為以下四種：

1. **國際外交餽贈**：指國與國間的來往上，為表示外交上的友誼，所為之儀式性餽贈。

2. **公務餽贈**：指基於公務需要，在國內（外）訪問、接待外賓、推動業務及溝通協調時，依禮貌、慣例或習俗所為之的餽贈，具有較嚴謹的定義與相關的規範。

3. **商務餽贈**：對於政府單位以外的公司或組織，基於業務往來的禮儀，所為之的餽贈。

4. **個人關係與民間禮俗餽贈**：即一般社會上基於個人的人際關係，對於特殊節日（例如春節、端午節與中秋節等）以及婚、喪、喜、慶等場合，所為之的餽贈。

### 二、贈禮的基本原則

贈禮時，須注意以下幾點原則：

### （一）挑選具有意義的禮品

以一般日常贈禮來說，個性化的、自製的，或是為對方量身訂做的禮物，最能代表贈禮人的巧思與誠意，又具有獨特性，是送禮的一種好選擇；若是在公商務場合上的餽贈，也可以贈送能代表公司或是公司本身的產品，收禮者看到禮品就能直接連結到公司，也有不錯的宣傳效果；如要贈禮給外國人士，最好選擇本國出產的物品，具有本土的特色與價值，較具有紀念意義。

## （二）考量收禮者的便利性

在挑選禮品與贈禮時，一定要考量到收禮者的便利性，以免造成他人困擾，反而使對方不開心。舉例來說，送禮時禮品一定要包裝妥善，並且附有提袋，方便收禮者攜帶。若贈禮給外國人士，不要送農產品或者是該國的違禁品，避免對方無法將禮品順利攜回與造成額外的麻煩。

## （三）謹慎考量禮品的價值

贈禮的價值高低，應視雙方的關係、身分和送禮的場合而定，過於簡陋寒酸當然不好，但在商務上送過於貴重的厚禮，也會令人有所顧忌而難以收受。若是以某一單位的多數人為贈禮對象，儀式性較重的公務餽贈所備禮品的等級，一定要根據「職位高低」做出區隔，以免失禮。

## （四）贈禮前仔細檢查禮品

收禮者對於所收到的禮品，若發現有瑕疵、缺損或者是故障，考量彼此的情面多半不會張揚與反映，但贈禮人或贈禮單位的美意卻會因此大打折扣。因此禮品在送出之前，一定要經過詳細的檢查，如贈送陶瓷器或玻璃器皿等易碎品，要仔細檢查有無裂痕或缺損，且在包裝上必須更加周全謹慎，以免運送過程中有所損傷。

## （五）慎選贈送禮品的時機

如果與對方即將有利益關係發生的機會時，例如：簽約、審核、准駁等等的關係上，要考慮在時間點上是否適合送禮，以避免「賄賂」、「討好」之議，也避免讓收禮者感到壓力。

## （六）注意禮品的保存期限

某些禮品是有保存期限或使用期限的，例如最常見的食品禮盒、水果禮盒等，送禮前需仔細檢查，如果有快到保存期限或使用期限的，絕對不要送出。

## 三、贈禮禁忌

　　贈禮的禁忌可分爲通用的一般贈禮禁忌，以及不同國家的文化下產生的特殊贈禮禁忌，以下分別說明：

### （一）一般贈禮禁忌

1. **避免地雷禮品**：有些禮品是大家普遍不想收到的，例如體積過大、珍貴但不實用、不便攜帶運送、過於貴重的禮品等，對於收禮者來說，收到反而會增加困擾，贈禮時應將心比心，設身處地爲對方著想，以免踩了地雷而不自知。

2. **避免贈與金錢**：私人社交上或許會因爲婚喪喜慶而致贈禮金，但是就國際間的禮儀來說，贈與金錢難脫「賄賂」之嫌，令人有收買或施捨之意，一定要避免。

3. **避免過於個人化的禮品**：公務上通常不會知道收禮人的身材與尺寸，也更不清楚別人的風格與喜好，因此應儘量避免衣物、鞋子、香水等過於個人化的用品，避免收禮者不喜歡或根本無法使用。

4. **避免贈送有敏感意涵的禮品**：女士贈男士領帶、男士贈女士貼身飾品等，容易讓人曲解產生誤會，不可不愼。

---

**歷史趣談**

「白象」在東南亞，自古以來都被認爲是珍貴的動物，但是一旦當成了禮物，那可就不妙了！因爲東西雖然珍奇昂貴，卻要費心安置與飼養，花費遠遠超過牠的實用價值，後來西方國家就常以白象（white elephant）借喻爲珍貴但不實用，卻需要受贈人花費精力與財力維護的冗物。愛爾蘭國家檔案室所公開的檔案中揭露，在 1980 年 2 月的一場國是訪問中，非洲國家坦尚尼亞（Tanzania）總統朱利尤斯‧尼瑞爾（Julius Nyerere）送了一頭大象給愛爾蘭總統派屈克‧希拉瑞（Patrick Hillery）當禮物，結果牠竟然成爲一個「大麻煩」。在同年 9 月，坦尚尼亞外交部寄出一封信函給愛爾蘭大使館，詢問他們是否記得愛爾蘭政府同意要支付運送大象，大約 5,000 歐元的空運費。後來到了 12 月，愛爾蘭外交部又電傳給愛爾蘭駐坦尚尼亞大使館，問道：「你們有多餘的 4,000 歐元嗎？」「我們聯繫的 3 個部門都無力負擔這個大麻煩的費用。」

5. **避免贈送有電池的產品**：公司或單位如有習慣庫存禮品隨時備用，建議不要挑選需要裝電池的電子產品，因為經過相當時間的庫存，會產生受潮、電池壽命耗盡、機件故障等問題，不見得能確保受禮者不會拿到瑕疵品或故障品。

6. **不要班門「送」斧**：送禮固然要針對對方的喜好，但如果對方是某個領域的專家，建議避開此領域的物品，以免挑選到在對方眼中不合格的禮品。

7. **不要忘記撕去價格標籤**：忘記撕去價格標籤是一件非常失禮的事情，會使收禮者猜想送禮者是否在暗喻些什麼，這是非常不得當的。

8. **不要選擇性贈禮**：勿在多人的公開場合中，只對某一人或某些人送禮，這對於沒有收到禮品的人來說十分不尊重，收禮者也會感到萬分尷尬。同樣地，多人前去拜訪主人，也不要只有你一人準備禮品贈送，其他人會感到非常困窘。

9. **不要重複贈送相同禮品**：對於曾經多次來訪的賓客，或者是我方多次拜訪的單位，一定要做好相關的送禮記錄，挑選禮品時就要先瞭解之前曾經送過什麼禮品，不要送相同類型、甚至是一模一樣的禮品。

---

**禮儀小筆記**

有時別人的禮物不一定合自己心意，如果需要轉贈一定要慎重，要確認物品沒有變質、破損、過期等問題，也要確認沒有原來贈送人留下的名片、卡片或是留言題字。原則上禮品的轉贈，還是基於私人關係上較妥，並且能夠言明在先，基於「分享」的美意時才能轉贈。否則，為了省錢而必須承擔一些風險，對公商務的關係上不見得會有正面的影響。在實際的案例上，就曾經發生原贈送人發現他的好意被人轉送，如此對人際關係便產生了負面影響。

---

## （二）特殊贈禮禁忌

不同國家、地區、民族等因為生活文化、宗教信仰及語言上的差異，會有一些特殊的禁忌，以下舉幾個常見的特殊禁忌做說明（表 9-1）：

表 9-1　不同國家與民族的送禮禁忌

| 對象 | 送禮禁忌與注意事項 |
|---|---|
| 華人 | 1. 送禮的數量喜雙數，但要避開 4（與「死」諧音）。<br>2. 不可以送鐘錶（送鐘音同「送終」）、傘或扇子（與「散」諧音）。<br>3. 不可以送刀剪類物品（代表一刀兩斷），也不可以送鞋子（與「送邪」同音，也代表分離、請人走的意思）。<br>4. 白色菊花與白色蠟燭是喪事用品，不可隨意贈送。 |
| 日本 | 1. 送禮的數量喜單數，要避開 4 跟 9（日文中與「死」、「苦」同音）。<br>2. 不可以送梳子（日文的梳子與「苦死」諧音，不吉利）。<br>3. 在日本菊花是皇室專用的象徵，荷花則是喪事的代表，要避免贈送此兩種花或具有相關的圖樣的物品。<br>4. 對病人探病不可贈送盆栽，有詛咒其病入膏肓的意味。 |
| 美國 | 1. 送禮的數量需為單數，要避開 13。<br>2. 黑色對美國人來說是不吉利的顏色，贈禮不可使用黑色的包裝。 |
| 英國 | 1. 送禮的數量需為單數，要避開 13。<br>2. 百合花對英國人來說代表死亡，不可隨意贈送。<br>3. 不要贈送太過貴重的禮品。 |
| 法國 | 1. 不可贈送菊花、杜鵑花、牡丹花、康乃馨、黃色的花或假花。<br>2. 不要贈送香水給普通的女性朋友，有過分親密或意圖不軌的嫌疑。 |
| 阿拉伯國家 | 1. 阿拉伯國家多信仰伊斯蘭教，應避免贈送酒與豬肉製品。<br>2. 若是到他人家中作客，不可贈送食物，有嫌棄對方待客之道的意味。<br>3. 若贈禮對象為女性，要透過其丈夫或父親贈送，不可直接贈與。 |
| 印度 | 印度人視牛為神聖的代表，不可贈送牛肉製品。 |

**禮儀小筆記**

國內包裝紙顏色採用紅色、金、銀顏色頗為普遍，代表著喜氣。但對於外國人士而言，「紅色」代表「警告」的顏色，國際間餽贈不要使用。此外，某些天主教國家不喜禮品包裝外表再用緞帶紮成十字的方式，需特別留意。

## 四、其他贈禮注意事項

除了以上基本原則與禁忌須遵守外,還有一些細節需要留意:

1. 禮品一定要妥善的包裝,精美的包裝也代表著送禮人重視這份禮物,尤其對象是日本人,對於包裝應更為重視。但是因當今環保意識的抬頭,也毋須過度包裝而產生浪費及過多垃圾。

2. 贈禮可以分為親自致贈、託人代送與郵寄贈送。親自贈送最有誠意且合於禮儀,然而在不得已的情形下,只能委由他人轉致或以郵寄方式送達,此時必須附上名片、卡片或信件致意,再另尋適當時機,以電話連絡表達祝福的心意。

3. 在公商拜訪與會見的場合,有幾個可以致贈禮品的時機點,一是在客人進入到會客室,與主人握手後致贈,主人也可隨之回送禮品;二是在會談結束後、告辭之前的時間點相互贈禮,國際間的餽贈習慣大多是在這個時機上。

4. 當面致贈禮品,也要注意言詞表達。例如,在商場上拜訪對方公司或在一般社交餽贈之中,可以說:「很高興與貴公司能有合作的機會……我們準備一份薄禮,還請笑納!」但如果是國際間的餽贈,與外國人士在贈禮的往來上,就不能太過自謙,否則對方會覺得沒有感受到誠意。

5. 如果贈禮者贈送時,主動表示希望能現場展示禮品內容,這時便可以拆開禮物包裝,經由贈禮者解說物品內容與致贈這份禮物的緣由之後,收禮者必須要適當回饋讚賞一番,並且表示感激之意,如此才符合禮儀。

## 9-2 商務餽贈的名片禮儀

贈禮時,除非本人親送,否則應在禮品上書寫贈送人姓名,或附上中文名片,加上「敬贈」二字;若是贈禮給國外人士,則須附上註明 "With the Compliments" 的名片,這是為了讓收禮者可以清楚知道送禮者身分的方式。

依照贈禮者與收禮者人數的多寡,可以分成以下三種情況(圖 9-1):

1. 一人當面致贈另一人：可不貼贈禮名片，因為對方一定知道這是誰送的。

2. 多人同時送禮給一人：這時就必須貼贈禮者的名片，好讓收禮者知道是誰送的。

3. 一人送禮給多人／多人互相送禮給多人：這時候必須準備能裝入名片的小信封，上面註明贈禮對象的名銜，再將贈禮者的名片裝入。

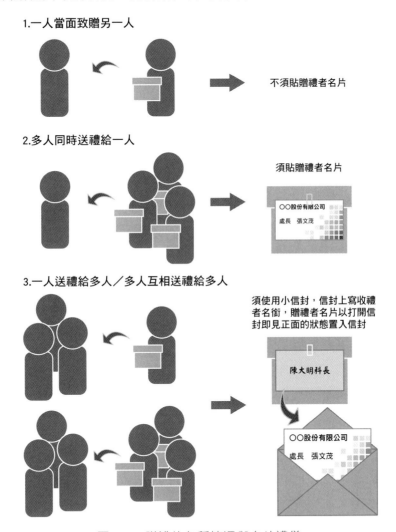

**1.一人當面致贈另一人**

不須貼贈禮者名片

**2.多人同時送禮給一人**

須貼贈禮者名片

○○股份有限公司
處長　張文茂

**3.一人送禮給多人／多人互相送禮給多人**

須使用小信封，信封上寫收禮者名銜，贈禮者名片以打開信封即見正面的狀態置入信封

陳大明科長

○○股份有限公司
處長　張文茂

圖 9-1　贈禮的各種情況與名片禮儀

　　除了附上名片之外，贈禮者也可以採取更富情意的作法，例如書寫贈禮卡片，寫下一些感言與祝福的話語，更能使收禮者感到貼心。

## 餽贈禮儀的「授」與「受」之間

　　在餽贈禮儀上，除了贈禮需要相當的學問與技巧之外，收禮的禮儀更是不可忽視。在收禮方面，有兩點須特別注意：

1. 適當回贈：在禮品的餽贈上，最怕的便是欠他人人情。接受對方的好意之後，最好當場或另擇適當時機予以回贈，以表示禮尚往來與相互尊重之意。

2. 公務人員的限制：當今國內政府單位與民間公司行號往來頻繁，其中牽涉到對公務人員送禮收禮的限制，相關規定包括：

   (1) 正常社交禮俗標準，以市價不超過新臺幣 3,000 元者為度，但同一年度來自同一來源受贈財物，以新臺幣 10,000 元為限。

   (2) 公務員不得要求、期約或收受與其職務有利害關係者餽贈財物。但有下列情形之一，且係偶發而無影響特定權利義務之虞時，得受贈之：

   　①屬「公務禮儀」的範圍。

   　②來自長官之獎勵、救助或慰問。

   　③受贈之財物市價在新臺幣 500 元以下，或對本機關（構）內多數人為餽贈，其市價總額在新臺幣 1,000 元以下。

   　④因訂婚、結婚、生育、喬遷、就職、陞遷異動、退休、辭職、離職及本人、配偶或直系親屬之傷病、死亡受贈之財物，其市價不超過正常社交禮俗標準。

　　因此，一般人對公務員的贈禮須特別慎重，而公務人員對收禮的相關規定，更須謹慎小心，以免誤觸法網。

# 9-3 贈花禮儀

　　談到餽贈禮儀，除了贈送禮品之外，還有一門非常重要的學問，便是「禮花致贈」。禮花除了本身是一種禮品之外，更是具有「優雅」、「賞心悅目」、「增添現場風采」與「即時致意」的特性。

　　送花當作禮物，可以用作祝賀、祝福、慰問甚至弔唁，一束鮮花代表著無限的話語，無論在社交場合、一般的人際交往，乃至於公商業界的場合，都是非常雅致而且適當的贈禮。不同的花種與顏色會對應到不同的場合，例如送給情人、女友紅色玫瑰花，喜事時多用紅色或粉紅色的桔梗花，或以姬百合、香水百合作陪襯等，又可以依據慶祝場合的大小，來決定禮花的類型。

　　除此之外，贈花禮儀還有更值得注意的細節，像是禮花往往是以「鮮花」為主角，切忌使用塑膠花。因此，相對於一般的禮品贈送，贈送禮花有更多贈禮要點。以下一一解析贈花禮儀的核心要點：

---

**禮儀新視野　花語禮儀**

　　每個國家或民族，對於每種花卉或許有些不同的含意與解讀，稱之為「花語」。以下是幾種常用的花語：

| 花種 | 花語 |
|---|---|
| 玫瑰 | 愛情、高貴、容光煥發、純潔的愛、美麗的愛情、美好常在 |
| 百合 | 順利、心想事成、祝福、高貴、純潔、高雅、財富、榮譽、神聖 |
| 菊花 | 清淨、高潔、真情 |
| 鬱金香 | 愛的表白、榮譽、祝福、永恆 |
| 滿天星 | 思念、清純、夢境、真心喜歡 |
| 向日葵 | 信念、光輝、高傲、忠誠、愛慕、勇敢 |

　　需要注意的是，同樣的花在不同的國家可能具有完全不同的意涵，例如中國人欣賞荷花，認為其有高潔的特質，但在日本荷花卻代表喪事；不同的花色也有可能產生不同的意思，因此贈花前仍須先了解收禮者的背景與禁忌，以免誤送。

圖 9-2　精緻盆花

# 一、禮花的種類與適用場合

　　禮花具有多種形式，不同形式的禮花適用於不同的場合致贈，依照正確的場合送出對應的禮花才不會失禮。禮花可以分成以下幾種：

## （一）精緻盆花

　　以粉色桔梗（洋桔梗）、玫瑰、火鶴花、石竹、赫蕉、天堂鳥、海芋花、天鵝絨、文心蘭等較小型且雅致的切花花材，再佐以文竹、新西蘭葉等切葉類材料製作而成的小型盆花（圖9-2）。可用於祝賀生日、結婚週年、探病、慰問等目的。

圖 9-3　高架花籃

## （二）高架花籃

　　搭配高腳花架的花籃，花材常用姬百合、香水百合、唐棉、垂蕉、洋桔梗等等切花花材，價錢高一點的甚至會加上蘭花切材（圖9-3）。適用於祝賀開幕、典禮、大會、喜宴等有大型場地的入口處或接待處。喪事上也會使用高架花籃，多使用白色等素色花材，若被弔唁的逝者享壽80歲以上，則可以綴以粉紅色花卉。

圖 9-4　花束

## （三）花束

　　將花材綑成束狀，以包裝紙等加以圍繞裝飾做成花束，花材選用上類似於精緻盆花，多用於迎接、迎賓、典禮獻花，在公商務場合中多用於直接向貴賓等人表達歡迎或感謝之意（圖9-4）。

## （四）蘭花盆栽

我國蘭花品種之多、品質優良聞名於世，致贈蘭花更是屬於高雅的贈禮。多用於祝賀壽辰、職位高升或是喬遷之喜時致贈（圖 9-5）。

圖 9-5　蘭花盆栽

## （五）植根盆栽

植根盆栽與前面提到的盆花不同，是保留根部直接種植於盆栽內，受贈者可以長期培養作為居所或辦公場合的裝飾，常用黃邊巴西鐵樹、馬拉巴栗、發財樹等，適用於祝賀喬遷之喜時致贈。近年來亦流行致贈花店特製的「開運竹」，單純澆水即可培養得很好，亦象徵「節節高升」之意（圖 9-6）。

圖 9-6　開運竹植根盆栽

### 禮儀小筆記

素花圈、素十字架適用於贈送給基督教及天主教教友，用於喪禮悼唁。

## 二、贈花注意事項與禁忌

不同種類的花卉具有一些象徵性的含義，需要注意使用的場合與禁忌，以免失禮。以下簡單說明幾點贈花的注意事項與禁忌：

1. 劍蘭（圖9-7）、菊花等花材多用於民俗祭祀上使用，需多留意使用場合。

2. 對於代表特定含意且廣為一般人所認知的花卉材料，例如康乃馨，就有適用的侷限性，也必須多留意，以避免收禮者的錯誤解讀。

3. 用在喜慶、恭賀與祝福等場合，主色可多用紅色、紫色與粉色等較具有活力的顏色；如用於弔唁，則以白色為主色，整體禮花的配色以素雅淡色為佳，切勿配色過多或太花俏而顯得雜亂不莊重。

圖 9-7　劍蘭

4. 請嚴格注意送出禮花的「品相」，鮮花花籃最重要的就在於「鮮」，花才顯得有精神，受禮者才能體會到贈禮者的心意。花材要新鮮，甚至還聞得到鮮花的芬芳，這才是優質的禮花贈禮。

5. 有些人會在探病時攜帶鮮花或盆花慰問致意，祝福對方早日康復。但是，醫學已證明了某些花種的花粉是過敏原之一，鮮花凋謝後的衛生處理問題也會帶給對方困擾，尤其在某些國家的習俗所認定的寓意中，鮮花凋謝的象徵意義也不太吉利。因此探病時，最好改採其他的問候禮品。

## 三、禮花贈送的品質要求

送花禮儀在實務工作上，對於禮花的品質要求有三項要點如下：

1. **色：花卉種類及用色正確，整體配色恰當，花材新鮮且有精神。**

2. **香：能嗅到禮花的清新香味。**

3. **味**：這裡指的是「品味」，禮花的設計與插花的安排是一門專業的學問，選擇有信譽而且值得信賴的花藝店，設計出具有美感及品味的禮花，是非常重要的關鍵。

在禮花的品質方面，贈禮者是處於「監督審視」的角色，除了要慎選合作的花藝店之外，禮花的送達時機是否合宜、禮花成品運送中的保鮮、與收禮者之間的聯繫溝通，都是一門學問，每一個環節都不能出錯，否則贈禮者就要承受失禮的風險。如果你將來從事公關或秘書工作，如何挑選可以長期合作的花藝店？不妨多在大型典禮或各種婚喪喜慶的場合中，觀察各界人士所贈送的禮花中，從新鮮度、設計感等整體品相來作紀錄，如果某些禮花符合自己的標準與喜好，不妨記下花店的名稱（可從禮花花卡或緞帶上的貼紙，獲知花店店名與聯絡電話），往後如有適當機會就可以試用，再加以評估長期合作的可能性。

---

**禮儀小筆記**

有關於禮花的控管方面，除了一些重要場合必須親自到場，或派員出席，送禮者或送禮單位多半不會親臨現場，此時可以要求送花外務人員就現場實品、落款花卡與相關位置拍照，再以電子郵件回傳送禮者檢視並存查，收禮者簽單亦要記得收執備查。

---

## 四、禮花花卡的落款

以上談的都是禮花本體，基本上都是委由值得信賴的花店製作與送達，所以對於贈花禮儀來說，選擇可靠的花店是第一關鍵要點，有信譽、有經驗的花藝店，會依贈禮的場合來選擇適當的花材，再由具有美感訓練的花藝師製作禮花，插上上花店代製的花卡後，適時送達指定的地點。那麼，送禮人或送禮單位在整個贈禮環節上，必須要親自掌握的關鍵就是「花卡落款」。

在公關秘書實務上，應輪替使用多家不同的花藝店，訂花時以書面傳真或電子郵件等方式傳送相關資訊包括：花卡上下落款、受禮者的電話、詳細送達地址、贈送的場合（婚喪喜慶等），每個關鍵內容皆由訂購禮花者決定，花卡印製完一定先將照片傳給訂花者核對審核，並且仔細叮囑與溝通，才能把風險降到最低。

此外，要嚴格執行對合作花店的**觀察與考核**。例如要求回傳送達花品的相關照片，若有意見則要求下次改進，送達的時間與準確性也一併列入考慮，如果所要求的改進事項未能達成兩次，或發覺禮花的品質、服務與配合度已不甚穩定，建議暫時停止與該花店的往來，因為這將是發生錯誤的前兆。

### 花店擺烏龍　老人聚會送菊花　「圍爐」寫「團爐」

「伊甸社會福利基金會」22 日提前為老人圍爐，詎料，南投縣政府竟然贈送一對菊花花籃祝賀，「圍爐」也寫成「團爐」，讓老人覺得很不是滋味。縣長李朝卿得知後大為光火，指示將承辦人員記過處分，花店「永不錄用」！

　　對於政府機關或公司行號例行性的禮花贈送，應該都有習慣上配合的商家，就此案例分析，實際上造成兩個錯誤：一是嚴重的是犯了「忌諱」，如本文前面的段落中所談到，花店必須要慎選花材，尤其是「菊花」一定要慎用，只要是有規模、有經驗的花店，這是最起碼的素養，所有有關於喜慶的用途與場合，為了保守與安全起見，通常不用菊花（有些宗教儀式場合或團體尚可接受），一般人對菊花本就有忌諱，更何況是「老人會」的場合？加上花卡上的「圍爐」二字，又被花店錯印成了「團爐」，媒體因此諷刺：是叫老人家一起燒炭嗎？此例先是因為花材選用不當，再因打錯字犯了禁忌，結果是花了公帑又遭埋怨，花店被「永不錄用」，承辦人員還遭受懲處，三方全盤皆輸，十分不值得。

## 五、花卡題辭的實用範例

　　不同的場合、祝賀的事情都有相對應的花卡題辭，以下整理出不同主題可以使用的花卡題辭以供參考（表 9-2）：

表 9-2　不同主題的花卡題辭範例

| 主題 | 花卡題辭 |
|---|---|
| 生日 | 1. 一般：生日快樂。<br>2. 祝壽：福壽雙全、松柏長青、福星高照、福祿雙星、松鶴延年、松鶴遐齡、華堂滿福、福壽康寧、婺宿騰輝、慈德長春。 |
| 生產 | 1. 生兒子：喜獲麟兒、弄璋之喜、弄璋之慶、弄璋誌喜、添丁之喜。<br>2. 生女兒：喜得千金、明珠入掌、弄瓦徵祥、弄瓦誌喜、祥瑞弄瓦。 |

| 主題 | 花卡題辭 |
|---|---|
| 升遷 | 步步高升、卓越幹練、功績卓著、英才得展、青雲直上、丕展源猷、雄才大略、才德咸欽、忠勤奮勉、懋績嘉猷、德澤宏施、厥功至偉、龍躍青雲、嘉惠桑梓、德望永欽。 |
| 結婚 | 百年好合、締結良緣、如琴如瑟、龍鳳呈祥、鸞鳳和鳴、天作之合、永結同心、笙磬同音、才子佳人、愛河永浴、麟趾呈祥、花好月圓。 |
| 各式活動 | 圓滿成功、展出成功（展覽類）、演出成功（表演類）。 |
| 新居入厝 | 堂構增輝、美侖美奐、華堂集福、滿堂瑞氣、華屋生輝、華堂祥瑞、福地傑人、華堂富貴、華堂集錦、金碧輝煌、鼎新華麗、華堂映碧、居安敦仁、富麗堂皇、金玉滿堂。 |
| 當選 | 造福地方、雄才大略、為民造福、眾望所歸、任重道遠、闡揚民意、高才碩望、福國利民、豐功偉績、造福桑梓、服務群倫、德孚眾望、德澤宏施、鴻猷彪炳、才德咸欽。 |
| 開業 | 駿業宏開、大展鴻圖、嘉惠工商、近悅遠來、信孚中外、繁榮社會、駿業宏發、鴻猷大展、高朋滿座、樂聚嘉賓、福客常臨、佳味餚香、醇酒佳餚、嘉賓雲集、駿業日新、駿業崇隆、富國裕民、和氣呈祥、鴻猷丕煥。 |
| 弔唁 | 1. 男喪：福壽全歸、道範長存、福壽雙全、駕鶴西歸、德徽永昭、南極星沉、德望永欽、碩德永昭。<br>2. 女喪：慈輝永昭、懿範永存、懿德猶存、慈雲西逝、母儀千古、駕返瑤池、淑德常昭、母儀足式。<br>3. 佛教徒：高登蓮品、功德圓滿、乘願再來、往生極樂、超生極樂、神超淨域、九品蓮登。<br>4. 基督教、天主教徒：魂歸天國、蒙主寵召、永遠懷念。<br>5. 從政者：國失賢良、耆德元勳、峴首留碑、勳猷共仰。<br>6. 教師：馬帳安仰、風冷杏壇、桃李興悲、立雪神傷、高山安仰、教澤長存、師表千古、師表常尊、永念師恩。<br>7. 學者：立言不朽、絕學千秋、學究天人、世失英才、少微斂曜、言行足式、文壇失仰、文曲光沉、望尊泰斗。 |

Chapter

# 10

## 育樂場合
## 禮儀

### 研讀本章，你可以瞭解

1. 不同社交宴會的禮儀。
2. 藝文活動的聆賞禮儀。
3 展場導覽與參觀的禮儀。
4. 溫泉的禮儀。

### 引言

在國際間各種休閒娛樂活動是生活及人際交誼所必須，既然牽涉到人際互動，相互的尊重原則下所產生的規範，便形成育樂場合的禮儀。本章將針對參與聯誼的酒會、茶會及舞會、參觀藝術展覽、導覽實務與溫泉禮儀各種活動及面向一一討論與重點說明，使讀者活用內在的禮儀涵養，在對外的場合中都能有合宜的舉止，而達到寓教於樂且贏取友誼的目的。

# 10-1 社交宴會禮儀

　　國際上有許多正式的社交宴會活動，例如酒會、茶會、舞會等，參與的賓客需要彼此交流互動，也有許多要遵守的禮儀，以下分別說明不同宴會的禮儀要點。

## 一、酒會與茶會禮儀

　　在國際正式場合中，舉辦酒會與茶會是一種十分常見與具有重要意義的公開活動，其目的通常是為了歡迎、慶祝及公開發表而舉行，例如周年慶、頒獎表揚、新產品發表、迎新、送舊與慶功等。酒會與茶會常會供應一些小點心（Canapés）以及咖啡、紅茶及果汁等飲料，酒會更會提供含酒精性飲料，例如雞尾酒（Cocktail）、潘趣酒（Punch）、紅酒等。餐食飲料的服務方式常見是在餐檯上供應（圖 10-1），或是由服務生以捧盤走動式供應（Pass Around）（圖 10-2），現場賓客也多是站立式聊天而較少有安排座位。

| 圖 10-1　茶會及酒會常準備小點心供人取用 | 圖 10-2　茶會酒會走動式服務 |

　　酒會或茶會的賓客須著正式服裝，在活動開始前的任何時間都可任意進場與離去，享用小點心與飲料並與其他賓客談話交誼。參加酒會或茶會，除了是受邀共襄盛舉之外，也是一項非常重要的商務社交場合，因此有以下事項需要特別注意：

1. 茶會、酒會是屬於人際交誼的公開場合，對於參加賓客之間的介紹與認識勢必相當頻繁與重要，參加前要留意名片數量務必攜帶足夠；另外名片也要放在方便拿取的地方，以備需要時能夠順利取出與遞出名片。

2. 他人談話時不宜逕行插話，這是非常不禮貌的行為。

3. 切勿在口中留有食物時與他人交談，如果不慎噴出食物碎粒，會造成彼此的尷尬。

## 二、舞會禮儀

在國際間常會有餐宴之後安排舞會讓賓客相互交誼與輕鬆的時刻，而這種舞會通常指的是「社交舞」（Ballroom dance），成對的男女婆娑起舞，體現優雅與輕鬆的氣氛。參加舞會時，需要注意以下禮儀：

1. 需著邀請函上所註明的服裝，通常為晚禮服（或其他正式服裝）。

2. 通常由宴會主人夫婦或地位最高的夫婦開舞，也可由男主人邀請女主賓或是女主人與男主賓開舞（圖 10-3）。等開舞者進入舞池後，其他賓客便可開始共舞。

3. 與所攜舞伴跳舞一曲完畢後，便可以在另一首曲子開始後由男士邀請其他女士共舞。為了交誼目的，通常男伴都會大方首肯，女伴同意後便可翩然起舞。

4. 交換舞伴共舞結束後，男士要行扶手禮並頷首答謝，女士則行屈膝禮回禮。

5. 社交舞會在西方世界屬於高尚的交誼場合，參加者需以開放的心情參與，不可有不參與跳舞、不同意邀舞等冷場行為。現場男士也需大方的邀請在場尚未獲邀的女士共舞，以避免女士坐冷板凳尷尬的情形發生。

圖 10-3　舞會通常由主人夫婦或地位最高的夫婦開舞

---

**禮儀小筆記**

常見的社交舞包括恰恰（Cha-Cha）、狐步舞（Foxtrot）、捷舞（Jive）、倫巴舞（Rumba）、探戈（Tango）及快步舞（Quickstep）等。

# 10-2 藝文活動禮儀

在娛樂活動方面，參與藝文活動聆賞各種表演除了可以放鬆身心、達到休閒目的之外，也可以陶冶性情、增加個人涵養。為了維護良好的聆賞氛圍，參與這些活動時也有需遵守的禮儀，以下分別說明不同活動的注意事項。

## 一、音樂會與戲劇展演禮儀

參加音樂會或觀賞舞台劇等表演已是現代人常有的娛樂活動之一，為表示對表演者與其他觀眾的尊重，有一些通行的「觀賞禮儀」需要遵守：

1. 進入音樂廳聆賞音樂表演，須穿著整齊的服裝，這是對於表演者的尊重。

2. 請提前入場，有些音樂廳甚至規定表演前 10 鐘就不得入場。

3. 表演前要關閉手機或調為震動模式，以避免中途響起影響他人。

4. 尊重智慧財產權，不可隨意錄音錄影或拍照，尤其閃光燈對表演者會造成很大的干擾，尤須注意。

5. 開演前先看節目單以瞭解樂曲，聆聽時可更清楚樂章進行到哪個段落。樂曲演奏結束的時候才可拍手，如果不清楚拍手的時機，等別人帶動時才跟著鼓掌較為保險。

6. 在表演中不要發出一些會干擾他人的聲音（例如隨意與鄰座交談、翻動物品發出雜音或頻繁的咳嗽與清喉嚨）或做出令人生厭的行為（例如在黑暗的觀眾席中打開手機查看訊息，手機螢幕的亮光會造成其他觀眾的視覺妨礙）。

7. 演奏結束時，觀眾可以喊「Bravo」（太棒了）或是「安可」（Encore），表示希望再來一首的意思。

8. 表演完畢後如有表演者的親朋好友想要獻花，也務必事前通知主辦單位是否可以安排，以免妨礙節目的進行。部分表演是婉拒獻花的，也須遵守主辦單位的規定。

## 二、電影劇院禮儀

　　看電影也是現代人常見的休閒娛樂之一，為了避免影響他人，當一個具有良好素質的觀眾，以下幾點事項須特別注意：

1. 提前入場並及早上洗手間，避免電影開始後進出走動，影響到其他觀眾。

2. 電影開始前務必將智慧型手機關閉或調為靜音，以免手機響起影響他人。

3. 不要在播映中途打開智慧型手機查看畫面，因為手機螢幕亮光在黑暗的觀眾席十分刺眼，會嚴重影響他人的觀賞。

4. 與伴侶或親友隔鄰而坐，不要一直交談而喋喋不休，甚至討論起接下來的劇情，這種行為令人感到十分厭惡。

5. 不要用腳跨踏前方的椅背，甚至有抖腳的習慣動作，避免造成與前座觀眾間不必要的衝突。

6. 零食袋與飲料杯在離坐時順便帶走，保持影廳整潔是基本的禮儀要求。

## 10-3 導覽禮儀

因應旅遊的風行，參觀行程也是觀光活動中非常重要的一環，像是參觀博物館、國家公園等生態、文化、歷史及民俗陳列等展覽，這是屬於兼具休閒與學習的活動，需要專業的解說人員來服務。

### 一、導覽的基本素養

對於導覽解說的技巧，依據美國知名的解說專家提爾頓（Freeman Tilden）在其導覽解說經典著作《解說我們的襲產》（Interpreting Our Heritage）一書中，指出導覽解說有 6 大性質（圖 10-4）：

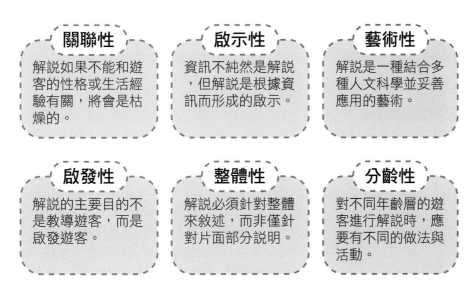

| | | |
|---|---|---|
| **關聯性**<br>解說如果不能和遊客的性格或生活經驗有關，將會是枯燥的。 | **啟示性**<br>資訊不純然是解說，但解說是根據資訊而形成的啟示。 | **藝術性**<br>解說是一種結合多種人文科學並妥善應用的藝術。 |
| **啟發性**<br>解說的主要目的不是教導遊客，而是啟發遊客。 | **整體性**<br>解說必須針對整體來敘述，而非僅針對片面部分說明。 | **分齡性**<br>對不同年齡層的遊客進行解說時，應要有不同的做法與活動。 |

圖 10-4　導覽的六大性質

由上述性質可以瞭解，擔任解說人員的任務，就是要讓參觀的遊客能從他們所熟悉的相關人事物出發，與解說內容串聯，從而觸發他們的思考以瞭解其意義，讓參觀不僅是觀光與旅遊而已，而是能帶給遊客知識上的啟發與傳遞一種思維與意念，這才是導覽解說的功能與存在的意義。

## 二、導覽的媒介

導覽的媒介與管道大致分為下列幾種方式（表 10-1）：

表 10-1　導覽的媒介與管道

| | | |
|---|---|---|
| 人員導覽 |  | 由受過專業訓練的專職解說人員，或是招募甄選而來再加以訓練的解說人員，有些是屬於志工性質，藉由人與人之間直接的解說來讓遊客瞭解解說內容，這種方式是藉由現場互動，是最有溫度的解說方式。 |
| 文宣介紹 |  | 藉由各類簡介及相關出版品等文宣簡介，提供遊客自行閱讀，是屬於單向式的介紹。 |
| 展品說明 |  | 在現場設有展示板或說明牌，藉由簡單的文字說明被介紹的物體，好處是即見即知其名稱，相反地因為文字版面有限，多無法詳細介紹其內容及背景，而又有改良式的方法是在說明牌上附上詳細介紹文字的 QR Code，藉由行動裝置（如智慧型手機）掃描以連結介紹網址，以利遊客有興趣時能進一步查閱與瞭解。 |
| 多媒體導覽 |  | 藉由電子設備提供導覽服務，常見的有導覽機、現場多媒體影音循環播放及觸發式多媒體互動。 |

## 三、導覽的技巧

如何在向遊客解說時，能夠引起他們的興趣且留下深刻的印象？在表達時有一些說明技巧可以加以運用（圖 10-5）：

**相互比較法**

運用耳熟能詳的事物做比較，例如：富士山是日本的象徵，就好比臺灣的玉山……

**最大最小法**

運用「最……」的句型強調特殊性，可以給遊客深刻的印象，例如：歷史最悠久建築、海拔最高的聚落……

**數字換算法**

運用具體的數字讓遊客有更實際的感受，例如：大約12個成人才能環抱的巨木、廢飲料杯疊起來有20座臺北101大樓那麼高……

**時空想像法**

面對一個古建築、一座石碑、一幀繪畫或一張照片，引導遊客由視覺想像透過時空感受解說的情境與氛圍。

**互動問答法**

藉由簡單的問題與引導，來詢問遊客問題，讓遊客能有參與感，也可提供一些小獎品增強參與的動機。

圖 10-5　導覽解說的五種技巧

## 四、導覽人員的禮儀

導覽式專業也是一項服務工作，面對形形色色的遊客，為了使工作順利且讓大多數的遊客能滿載而歸，對於導覽解說有一些必須遵守的禮儀與禁忌：

1. **嚴守時間**：不遲到、不早退，務必比預定時間提早到達，準時開始並且盡量準時結束，不耽誤遊客的既定行程；如時間發現有所延遲，可技巧性精簡解說內容。

2. **視線平均**：目光要照顧到每位遊客，注意解說訊息之接收，掌握其情緒反應。

3. **良好口語**：以歡迎與感謝的語言做開場與收尾，也不要讓少數人占去太多服務時間。

4. **掌握人數**：出發前說明行程動線並核對人數，行進間注意隊形的調整，途中隨時掌握人數動態。

5. **適當步調**：由遊客的反應分辨導覽是否太快、太慢或太單調缺乏變化；若有年長者或身障人士，其行進步伐速度與聽力都要注意。

6. **正確手勢**：引導指向與點名，請以手指併攏的手掌伸出，勿用手指點人，因為這是不禮貌的行為。

7. **尊重文化**：注意文化與族群差異，也不要以性別、宗教等話題開玩笑，稍有不慎將引發爭議。

8. **保持客觀**：依照具體且客觀的事實來解說，也不要隨意發表自己的意見與個人主張，特別是牽涉到歷史及政治背景時，務必保持公正的態度做客觀的解說；如遇有遊客詢問的問題不知答案時，可請對方留下方便聯絡的方式，待找到答案時另行答覆，務必謹慎不可隨意回答。

## 10-4 展場參觀禮儀

　　上節說明了專業導覽人員的基本知識與解說禮儀，相對地，參觀的遊客也有其必須要遵守的禮儀規範，使展場能井然有序，並且避免影響他人參觀的權益。展場參觀禮儀重點包括：

1. 絕大多數的展館為維護展品與場地的清潔，會嚴禁攜帶飲食（包括水），進入展館前要先確認規定，在入場前先食用完畢，或將飲食放置在規定的寄放處。

2. 依序排隊並前進，尤其在知名熱門的文物作品前，要尊重他人欣賞的權益，不宜久留不肯離去。

3. 一般展館皆禁止使用閃光燈，避免閃光燈影響珍貴的展品；至於是否能拍照錄影則需遵守各展場的規定，有些展示品牽涉到智慧財產權的問題不可拍照錄影，拍照錄影前應詳細確認是否有相關禁止標示。

4. 不少人看展喜歡與展品合照、自拍等，拍攝時須注意現場狀況，不要長時間占用他人觀看展品的位置，也不要擋在觀展動線處拍攝，影響他人前進。

5. 展品請用雙眼欣賞，不要動手觸摸，在玻璃櫥窗前也不要將手或臉貼到櫥窗上觀看，以免弄髒玻璃櫥窗影響他人欣賞的視線。

6. 如有未成年兒童隨行，務必注意其行為，不可嬉戲打鬧與追逐奔跑，國內外都曾發生兒童打鬧與好奇碰觸而致展品毀損的情況，務必當心。

7. 許多博物館及展覽場地多屬密閉空間，盡量保持低音量不要喧嘩。

8. 觀賞畫作或是作品時要注意地上是否有標示禁止線，留意不要越線違反規定（圖 10-6）。

9. 團體如安排導覽人員講解，請仔細聆聽人員的解說，能夠藉由專業的導覽說明，讓自己更加深入瞭解並且豐富旅遊的品質，也是對於專業的尊重。

圖 10-6　許多藝術展覽都設有禁止線，留意不要越線。

## 10-5 溫泉禮儀

　　溫泉早在古代就被人類視爲醫療寶庫，擁有深遠的歷史，並扮演著療癒身心的角色。如今，溫泉旅遊已成爲一種受歡迎的休閒活動，許多觀光景點會有溫泉可供享受，然而公共大眾溫泉池也有其禮儀規範，需謹愼注意以免冒犯他人。泡溫泉時須注意以下禮儀：

1. 身體如有皮膚病等問題，或正值生理期時，切勿進入溫泉池。

2. 在浸泡溫泉前，要衡量自身的健康狀況，如有高血壓等心血管疾病者，不宜泡太久，爲保安全盡量避免單獨浸泡溫泉，以免萬一發生事故時，無人發現而導致遺憾。

3. 享受溫泉是浸泡而非「洗」溫泉，必須先於清洗區澈底卸妝、洗淨身體再入池泡湯，入池後不要在浴池內隨意搓洗身體與使用沐浴乳。

4. 不要在清洗區清洗自己的衣物或剪指甲，也不要長時間占用清洗區。

5. 於清洗區清洗完身體後，應使用熱水簡單清潔過一遍使用過的臉盆、椅子與附近地面，是對下一位使用者的禮貌。

6. 進入浴場切勿高聲交談與追逐嬉鬧，這是非常不得體的行爲，甚至會與其他浴客引起不必要的糾紛。

7. 不可跳水進入浴池內，以免濺起水花影響他人。

8. 若感覺溫泉水溫過高，應起身休息或改泡水溫較低的浴池，不可以往池內直接添冷水，以免影響浴池品質與其他浴客。

9. 不可將浴池當成泳池游泳、戲水，也不要在池中趴下、躺下占用大範圍區域，以免影響其他浴客。

**禮儀新視野**　　　日本的溫泉禮儀

　　日本擁有非常豐富的溫泉資源，也是非常熱愛泡湯的國家。日本對於溫泉有更詳細的禮儀規定，一部分也與臺灣習慣不同，因此須特別注意。以下簡單整理幾點日本較特殊的溫泉禮儀：

1. 日本絕大多數的浴池都是裸湯，不可以穿著泳衣入池。泡湯時也不可以刻意窺視他人身體，彼此互相尊重。

2. 不能將大條的浴巾帶入浴池內，只能攜帶小條的毛巾放在浴池邊或摺起來包在頭頂，作為擦汗、降溫使用。要注意毛巾不可以浸泡到浴池當中，以免影響水質。

3. 留長髮者入池前務必將頭髮盤起，避免讓頭髮接觸到溫泉水影響水質。

4. 在日本有不成文的規定是禁止有紋身者入池，因紋身在日本容易聯想到暴力集團、犯罪者等，會令他人感到不安。現今紋身比過去更加普遍，有些溫泉飯店及大眾浴場已開放紋身者進入，但還是有部分浴場維持傳統規定，若身上有小面積的紋身，建議可使用遮紋身的膠布遮擋，或是先詢問清楚浴場的規定。

Chapter

# 11

# 文書禮儀

## 研讀本章，你可以瞭解

1. 公務文書的種類。

2. 公務文書與信函的禮儀。

3. 公文禮儀的核心要點。

4. 電子郵件的禮儀。

## 引言

在公商務的往來活動之中，常以書面、文書的形式，達成對上、對下、對內，以及對外的溝通交流方式，可以說是商業行政的重要部分。在這些文書上所需要使用到的習慣、原則甚至是規定，都可歸納於「文書禮儀」的範疇。

當今商務職場與管理事務中，必須對商業文書有基本的觀念與認識，並且瞭解文書禮儀的慣用方法，達到正確、順暢且符合慣例規範的要求，從而建立起任職公司良好的形象。

# 11-1 公務文書的種類

依照現今各界商務活動，公務文書大致可分爲七大類（表 11-1）：

表 11-1　公務文書的類型

| | |
|---|---|
| **公務信函** | 主要對象是外面的公司單位或個人，例如公函（以單位或公司名義發出）、箋函（以單位或公司的負責人名義發出）、商務傳真、電子信件等。 |
| **內部行政文書** | 有關於公司組織內部行政作業的文書作業形式，例如簽呈、報告、公告、通告、通知、會議紀錄、申請書。 |
| **一般商業文書** | 個人向公司行號、企業組織等發出的文書信函，例如應徵函、建議書、反映函、申請書、自薦書、介紹信、推薦信等。 |
| **事務文書** | 因應公司單位對內或對外的活動所制訂的文書，例如計劃書、企畫書、工作或活動紀錄、調查報告、研究報告、專題報告、各單位標準化作業流程（Standard operating procedure, S.O.P）、商品說明書、活動說明書等。 |
| **禮儀文書** | 例如禮賓典禮活動文稿（會議致詞稿、開幕致詞稿、閉幕致詞稿、演講稿等）、感謝函、道歉函、祝賀函、慰問信、歡迎信、歡送函、賀電（電報）、唁電（電報）、感謝狀、獎狀、聘書、邀請函（活動）、請帖（宴會、典禮或正式活動）、禮花致送落款、喜幛、輓額等。 |
| **新聞宣傳文書** | 例如新聞稿、聲明稿、機關或企業刊物、廣告、海報等。 |
| **契約法律文書** | 例如招標書、招標公告、投標書、契約書、協議書、存證信函等。 |

以上的分類，大致可以囊括各政府機關與民間企業公商務活動中的文書形式。然而，以上各種文書的分類，依其實際性質可能同時可以歸爲其他項目。例如表達祝賀的文書，也可以採用以公司名義發出的公函爲之，因此各種公務文書可以依照實際情況來重新定義與歸類。

文書在公商務活動之中，具有最正式的意涵，因此，「文書禮儀」的要求最具規範性與嚴謹性，必須更加仔細謹慎。文書禮儀的實踐，主要是落實在「公文書製作」之上，這方面的實務規範與格式，是屬於更深入一層的科目與領域，例如：「公文製作」、「商業文書信函」、「國際商業信函」等專業學科，可以參考市面上任何一本有關「應用文」、「公文製作」或者是「商業書信」的書籍，其中皆有既定的格式、用語以及範例可以參考。大致來說，參考範例猶如「公式」一般，套用就不容易過於離譜。

此章節主要針對文書所表現出來的禮儀來討論，實務上，一般職場人士最常用到的，就是信函、公文與電子信件，以下就針對這四大項來說明與討論。

## 11-2 公務文書與信函禮儀 ───────────

公商務往來的文書或信函，最能表現公司單位或者是個人的禮儀。書信禮儀就是給對方的第一印象，精確的稱謂、用字與格式，加上禮貌的用句遣詞，可以表現出個人及企業的良好風範。書信公文寫作好壞或許見仁見智，但是所表現出來的禮儀與態度，可是代表公司或個人的素質與涵養，再進一步說明，公司能不能爭取到訂單，或個人能不能獲得雀屏中選的機會，書信也會扮演極為重要的角色。公務文書與信函禮儀的要點如下：

1. 書信公文要**使用正確的稱謂與敬語**。書信公文的基本要求，就是避免錯誤或者是不當用語。就書信寫作而言，文筆好壞與否需要長時間練習，但若是因錯誤而造成不敬，這就是犯了文書禮儀的大忌。

2. 各種商業書信的目的與種類繁多，在撰寫時除了妥適的運用禮貌用語，也應當**力求正確無誤，不要有錯字別字，尤其是數字、日期、時間、地點、金額等關鍵處**，更要仔細檢查，如有不慎往往造成誤解與糾紛。

3. **商業書信的書寫著重精簡明確，適當地表達出禮儀的要點即可**，千萬不可堆砌文字、賣弄辭藻，或者套用一些過時陳腐的文句，如此反而讓人覺得造作而言不由衷。至於要寫得文雅還是較為口語，就必須根據對方背景與程度來決定。例如，寫信給學術界、政界或商界高階主管負責人，用詞可以文言有典故，然而對象如果只是一般的民眾，就務必較為口語、簡單通俗，讓大部分的人都能瞭解。

4. **文書中提到的名稱或名字，首次出現時都應使用全稱，稱呼對方的職銜、姓名要用全銜**，再次提到則用姓與職稱即可，有些俗稱與簡稱儘量避免。例如提到「張董事長」勿只寫「張董」、「王總經理」也不要只稱「王總」。

5. 處理公務事項，除了用公司的名義發「函」之外，也可以用公司或者是機關負責人的名義，具名發函給對方公司機關的負責人或代表人，這便是「箋函」，用語就必須著重在個人與個人之間的關係上。例如在箋函上可以看到「志翔董事長吾兄大鑒」等的稱謂與提稱語。

6. 收信者往往具有不同的職務、職稱，**一定要用對方的職稱稱呼**，才符合禮儀要求。假如對方有兩種以上的職務或職銜，就須選擇一個適當的稱呼，若信函主旨是針對對方的某事業、公司或單位，就必須以該業務公司的身分來使用稱謂。

7. 信函摺起封裝的方式，要將有書寫或列印出有文字的那面在外，背面空白面摺向內，再套裝在信封中。

## 11-3 電子郵件禮儀

　　現代生活與國際間的溝通，時常用到電子郵件（Electronic Mail, E-mail）。商務郵件透過電子網際網路傳遞，一方面仍具有商業文書的形式與規範，另外一方面，又具有電子數位化的特性，也就是迅速、即時又無遠弗屆，可以附加各種形式的數位檔案，以及連結其他的網頁，甚至可以同時發給不同的收件者，成為現代商務上的得力工具。因為電子郵件的便利性與效率性，再兼顧傳統商業文書禮儀的基本原則，就衍伸出一套電子信件的寫作禮儀。

## （一）公務電子信件的寫作禮儀

　　E-mail用於公務通信上，信件內容的基本撰寫格式還是遵守三段式的寫作原則：主旨、內容與結尾簽名。以下分別說明各部分的內容撰寫注意要點（圖11-1）：

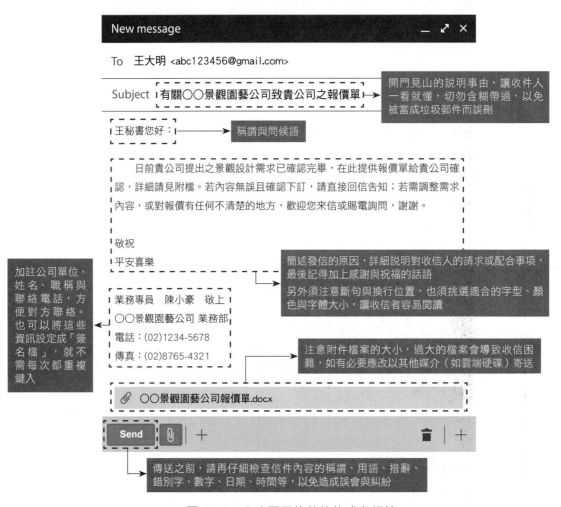

圖 11-1　公務電子信件的格式與規範

**禮儀小筆記**

電子信件的用語相對於一般公文與商業信函來說，可以較為口語化，文字用語宜簡短易懂，表現出親切客氣。雖可較為輕鬆，但也不可使用「表情符號」（例如「＾_＾」以及「:-)」，表示高興的意思）與「注音文」（例如「我ㄉ」、「ㄅ是」），或者是像 886（bye bye）、CU（see you）、4U（for you）等次文化的俚俗用語，如此可能會讓對方難以解讀，更會使人感覺到幼稚可笑，不可不慎。

## （二）電子信件的公務倫理規範

　　在公務上使用電子信件，除了遵守相關禮儀要點外，也要注意公務倫理的規範。電子信件的公務倫理有以下幾點內容：

1. **勿濫用公用資源隨意傳送與公務無關的電子信件給他人**，公私不分，造成對方花費上班時間刪除不必要的信件，徒增困擾。

2. 網路病毒千奇百怪又肆虐氾濫，需**謹慎注意可疑來信，勿隨意開啟附件檔案**，避免電腦病毒危害公司或機關的資料。特別是現今電腦病毒出現的方式，是藉著「社交工程郵件」夾帶惡意程式，來信者可能是朋友或同事，但可能是對方已經感染電腦病毒，而自動發信給通訊錄中所有人的信箱。

3. **使用學術網路資源，請勿作為商業用途。**

4. 若想將收到的電子郵件轉寄給他人時，**應獲得原發信人的允許**，尤其當信件涉及機密、評論、智慧財產權等內容，更要特別謹慎。

5. **轉寄電子郵件時，請記得刪去文中原來寄件者的電子信箱**；要對不同的人事同時寄發信件時，也應使用「密件副本功能」，避免收件者看到其他人的電子信箱。電子信箱如同個人電話號碼一般，都是屬於較私密的個人資料，需要受到尊重與保護，以避免有心人蒐集利用。

6. **轉寄電子郵件時，因收件人已經不一樣，原文中的稱謂、語氣、用字遣詞也應不同**，切勿偷懶而原文照發，特別是轉寄給上司長輩時，原文用語可能會造成不敬。

7. **謹慎確認收信人名單**，避免將信件物發送給不需要知道訊息的人，尤其對於包含商業機密、個人隱私的電子郵件，一旦傳送出去，便是「覆水難收」了！

8. 許多人認為電子郵件一旦寄出，就視同通知對方，這是錯誤的觀念，因為對方可能會因為信件延遲送達或被電子系統過濾掉等原因，而未能收到信件，或者是對方因忙碌未注意來信而過了時效，所以當**採取電子信件來聯絡對方時，記得再打通電話確定**，或者設定信件收訖傳送通知信的功能，才能算是萬無一失。

Chapter

# 12

## 公務拜訪與
## 會見禮儀

### 研讀本章，你可以瞭解

1. 拜訪的定義。
2. 國際間相互拜訪的重要性。
3. 國際拜訪的性質與型態。
4. 安排雙方見面前的秘書工作要點。
5. 賓主之間迎送的行動原則。
6. 會見場所的座位安排原則。
7. 會見進行中的禮儀事務要點。

### 引言

在國際間各種交流活動中，能夠面對面、相互懇談建立關係與交誼的主要活動，便是「拜訪」與「會談」。彼此在妥善的安排下，坐下來相互交換想法與意見，上至國家元首商討國家大政與外交事務，乃至於商業界的業務拜訪，都有此活動無可替代的功能。為了達到彼此互信互敬的意義，「拜訪禮儀」所應遵行的原則與模式，就值得我們加以瞭解與熟悉。會見的雙方如何表現出敬意與平等，主要可以從迎送禮儀、座位禮儀與秘書作業安排做起，只熟悉本章各項拜訪與會見安排要點，將來若有機會從事相關工作，更能得心應手。

## 12-1 拜訪的定義與類型

在國際正式場合中，會見與會談是一種十分重要的往來方式，因其具有「禮儀性」、「儀式性」與「實質性」，可以在不同的層級與各行各業的人士中，進行禮貌性的拜訪，或是進行實質性的對談。在國際外交上就常藉著會談來瞭解彼此的立場、意向與行動方向，從而溝通、化解歧見、進行合作，解決問題以取得共識。而所謂「國際會晤」，是指「兩個或兩個以上國家代表間，或政府代表間，因外交公務上之必要，或因邦交關係，或因其他一定之目的，依照一定之外交儀式與程序彼此做正式的晤會，從而構成一種公的關係或公的效果之禮節」[1]。

## 一、以會見的性質區分

拜訪依照性質區分，可以分為禮貌性拜會（Courtesy Call）、正式會談（Official Meeting, Official Talk）、接見（Receive）、召見（Summon）、專訪（Interview）、辭行拜會（Farewell Call）幾種，以下一一介紹：

### （一）禮貌性拜會

一個國家的代表或一般性的外賓到另一個國家訪問，在抵達並安頓就緒之後，前去拜會東道國的主人，這種拜會並無實質性的晤談內容，或是需要解決的問題，而是純粹問候拜訪之性質，稱之為「禮貌性拜會」，整體時間大約 30 分鐘左右。

### （二）正式會談

是雙方就實質性的問題，交換意見並進行討論，並闡述各自的立場，或是為了求得某些具體問題的解決，進行嚴肅而正式的會談。例如，元首間進行國是訪問，都要進行一次或幾次正式會談，就雙邊關係中的重大問題和共同關心的國際議題，進行交談磋商，各國外交代表之間也經常進行各種性質的會談。其他如各國貿易代表、企業、公司之間，基於商務、經濟合作等方面的會談，也具有正式會談的性質，正式會談通常由雙方身分相當的人員之間進行，其他相關的人員陪同參加。國際間元首或政要有時還會舉行彼此間的「單獨晤談」（private meeting），如果問題涉及許多方面，則可以分組進行會談。這些都屬於正式會談的範圍。

1　唐京軒，《現代外交禮節》，1980：159。

### （三）接見

由國家正、副元首或高級官員出面會見來賓稱作「接見」，性質上為層級較高者接見層級較低者（圖 12-1）。

### （四）召見

駐在國的高級官員，主動召集相關國家的使節前來會見，稱作「召見」。例如我國新任大使或代表赴任前，或返國述職時，亦循例安排總統、副總統召見上述人員，前來總統府聆示與慰勉。

### （五）專訪

正、副元首或高級官員接受電子或平面記者，或是其他新聞媒體人員的採訪、發表談話或是回答問題即稱作「專訪」（圖 12-2）。

### （六）辭行拜會

常駐使節離任前，拜會駐在國政府官員、有關人士和其他國家駐當地使節，向他們告別，稱為「辭行拜會」。有時因時間關係，若來不及一一拜會，國際上慣例也常舉行辭行酒會或宴會。

圖 12-1　國家元首接見來賓　　　　圖 12-2　官員接受記者專訪

## 二、以拜會的主體與階級區分

若以拜會的主體與階級區分[2]，可分成覲見（Audience）或訪問，以下一一說明：

---

2　唐京軒，同前，1980：161。

## （一）覲見

使節到任或卸任辭行，與對方元首之正式會晤稱爲「覲見」。又可分爲大使、公使之覲見以及特使、專使之覲見，其通例亦及於代辦，若僅暫時代理館務或爲臨時代辦則不適用。有關於覲見的禮儀與儀節，歐洲各國數世紀以來頗爲正式與繁複，是屬於外交上的正式典禮，然時至今日都已經簡化。例如，我國總統接受邦交國使節呈遞到任國書，於總統府前安排禮兵、軍禮暨軍樂歡迎，然卸任辭行僅安排一般會見，這也順應了當今國際外交禮儀與禮賓活動精簡的潮流而行。

## （二）訪問

外國元首正式訪問本國並於本國元首間之會晤，或外國政府人員正式訪問本國與本國政府人員間之會晤，稱爲「訪問」，也可稱爲「謁訪」、「晉謁」或「謁拜」。

---

**禮儀小筆記**

「會見」是屬於對等之見面，而「拜會」、「拜見」、「謁訪」、「晉謁」或「謁拜」屬下對上之見面，現今常以「覲見」稱之；反之「接見」則屬於上對下之見面。

---

由於現代國際間交往的頻繁，實際上各類會見與會談，有時已難於明確界定。例如，在禮貌性拜會中，已就實質問題進行了會談；有時將第二次會談安排在客人所住旅館進行，也就含有回拜的意思，因此爲簡便的緣故，常把它們統稱爲「會見」或「會談」。

不論在官方場合或是商業場所，**一般都要經雙方事先約定**，臨時的拜訪或會見是非常沒有禮貌的。如果因爲緊急狀況，也必須事前告知，若沒有特殊原因且取得諒解，通常都會被拒絕見面。**依照國際禮儀與慣例，應避免於星期日與例假日作「商務拜訪」或「商務會見」，安排上盡量以星期一到至星期五的上班日爲妥，而時間則爲上午 10 時至 12 時，下午 3 時至 5 時比較得宜。**

有關於**參與正式會談的人員，雙方也應事先商量確定**。在一般情況下，各方參加人員的名單、職務等，由各方自行擬妥之後，要先讓對方知道，並且秉持「對等原則」，大致上地位彼此保持平衡就好。此外，有關於會見會談的時間與地點，也應由雙方協商同意即可，並不需要拘泥細節而耽誤公事溝通的機會。在國外一般公務性的會見，多在主人的辦公室內進行，或是在公司或機關的會客室裡進行。

## 12-2 迎接的禮儀

對於被拜訪的人或是公司機關，主人（會見中最高的主管）的迎接地點，須依循以下的原則：

| | |
|---|---|
| 主賓的地位大於主人 | 主人必須親自到公司門口迎接。 |
| 主賓的地位與主人相當 | 主人到會客室門口迎接。 |
| 主賓的地位小於主人 | 客人在會客室坐定位後，主人依照預定時間出現即可，如果晚一些才出現，也不算失禮。 |

此外，每場會見都必須要安排禮賓人員，或地位、職位與來賓約略等同的主管，負責在大門口歡迎、陪同進入與引導入座的工作。

### 一、會客室座位安排禮儀

在會客室座位的安排上，方便於拍照的考量，通常是主人和主賓都在會客室的正面就座，而其他客人和主方陪見人員在兩側按禮賓排序就座，一般會客室座位安排如圖所示（圖 12-3）：

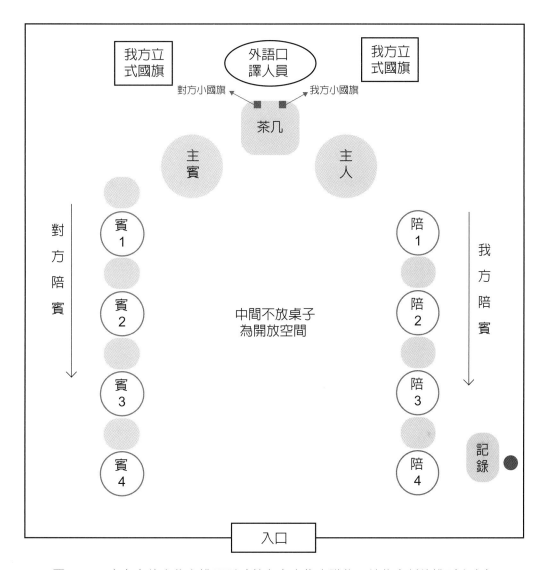

圖 12-3　會客室的座位安排原則（數字大小代表職位、地位高低的排列次序）

　　就國際間的會見、會談進行中的習慣而言，除雙方陪見人員、傳譯人員與記錄人員之外，其他的工作人員在工作安排就緒，會談開始後，就應該全數退出會客室，而且在會談中程中，不相關的人員不得隨意進出。如果想要對外公開發布新聞允許記者照相或攝影，也只是在談話剛開始時的幾分鐘進行，工作之後必須在適當時間撤離，除非是安排全程攝影。

## 二、會見的秘書作業

　　安排會見時，拜訪方與被拜訪方的秘書都需要進行聯絡溝通，縝密的安排會面的細節，以便會談順利進行。以下用會談前、中、後三個階段來說明祕書須處理的作業：

### （一）會見開始前

1. 任何官方、公商務的拜訪與會談活動，雙方都**應該事先敲定預定的時間**，以及進行的時間長短。拜訪的一方，在禮貌上必須要提供被拜訪的公司或單位一份「訪員名單」，以方便對方依照國際禮儀的對等原則，安排陪見的人員。

2. **拜訪的主旨與會談的主題必須事先說明清楚**，來訪單位有義務提供相關的會談目的與談話參考資料。如果只是禮貌性的拜會，也必須事先告知。

3. 如果屬於**禮貌性的訪問，雙方可以準備禮品相互致贈以表達誠意**，增進彼此的關係與友誼。

4. **敲定好拜訪時間，就不可一再更改，以免造成對方的困擾。**

5. 安排商務會見的 5W2H 方法：

| 5W | 1.When：何時進行會見？（日期、時段）<br>2.Who：主人是誰？來訪主賓是誰？<br>3.Where：在哪裡進行會見？主人到哪裡迎送主賓？<br>4.What：要準備什麼東西？（簡報資料、禮品、茶水咖啡等）<br>5.Why：會見的目的及緣由是什麼？ |
|---|---|
| 2H | 1.How：會見如何進行？<br>2.How many：有多少人參加？ |

## （二）會見進行中

1. **賓客抵達會客室時**，須由服務人員一一奉上茶水或咖啡，記得杯耳朝向賓客方便取用的方向，以表現出服務的貼心程度。奉茶次序是由位階高到低依次端上（順著座位尊卑順序奉上即可），並請賓客飲用。

2. **拜訪對方的首要大忌便是「遲到」**，應事先掌握交通狀況，提早一些時間出發，絕對不可以讓對方久候，否則將會對於會談結果有著負面的影響。

3. **注意會談時間的控管**，現代社會人人都十分忙碌，尤其訪賓有義務注意時間，切勿超過預定進行時間，時間差不多時應適時結束談話，以免耽誤對方接下來的預定工作進程。

4. 在實務上，會見現場會有一位我方的人員適時提醒主人預定時間已到，有經驗的主人會隨之表達對來賓到訪的歡迎與感謝之意，如果有準備禮品，最後可以進行贈禮的儀式，並安排照相合影，會見工作就圓滿完成。

## （三）會見結束後

會見結束後的送別行動原則如下：

| 主人地位比主賓高 | 主人可先跟大家握手致意後，先行離開會客室，賓客再由其他接待人員帶離會場。 |
| --- | --- |
| 賓主身分地位相仿 | 主人可陪送賓客到會客室大門，甚至公司樓下大門道別即可。 |
| 主賓身分比主人高 | 必須陪送賓客到他的上車處送別，才符合禮儀。 |

迎送與奉茶禮儀

## 12-3 掛旗禮儀

　　在國際涉外事務方面，如果雙方見面的場合比較正式，有時就會在場地布置上擺放或懸掛雙方國旗。應該如何將雙方的旗幟安排在正確的位置？這就牽涉國際交往的「掛旗與置旗禮儀」，尤其在正式且隆重的外交、公務與商務場合，正確的掛旗位置也代表著對國外訪賓的禮遇與對所來自國家的尊重。

　　如果針對各種的場合來做個簡單歸納，可以分為「室內置旗」與「室外掛旗」禮儀的相關原則，不論室內或室外，位置的尊位原則，都是「以右為尊」（方位皆是以當事人背對主牆面的方位為準）與「以客為尊」。以下假設會見地點在我國，不同的掛旗與置旗規範如下：

### 一、室內置旗

　　若室內要擺放落地大型國旗，我國國旗居右、來訪國國旗居左；桌上擺設旗座式小型國旗時（如簽約、國際會議場合等），依「尊右原則」及「以客為尊」原則，賓客所屬國家的小型國旗放右方、主賓也坐右方，地主國小型國旗居左而主人也坐左方就位（圖 12-4）。

圖 12-4　室內落地大型國旗與桌上小型國旗擺放方式

**禮儀小筆記**

可以觀察到我國大型國旗都是居右方尊位，緣以國旗是代表國家象徵，基於國家尊嚴都須居於尊位，但來賓是客而以客為尊，客人的話就請其上右方尊位，這就是涉外禮儀所謂的「讓人不讓旗」原則。

## 二、室外懸旗

### （一）機關行號或住家大門

　　遇有國家慶典或紀念日時，機關行號或住家大門會將國旗懸掛於門口。依「中華民國國徽國旗法」第 7 條規定，門首懸掛國旗時，應懸掛於門楣（門戶上橫樑）的左上方（此處所指的是從門外朝向門內看的左邊，仍是遵守「尊右原則」），旗桿與門楣的角度成 30 度（圖 12-5）；如用兩面國旗時，可交叉懸掛於門楣上方或並列於大門兩旁（圖 12-6）。

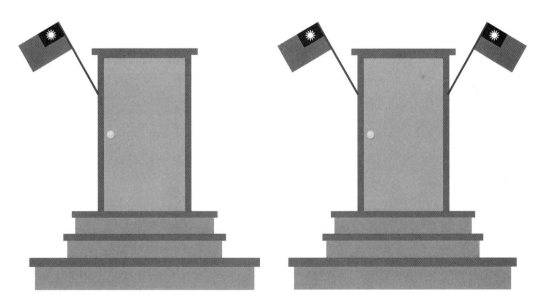

圖 12-5　單面國旗懸掛法　　　　　　　圖 12-6　兩面國旗懸掛法

## （二）汽車前方

一般汽車通常使用 2 號國旗（24×36 公分），懸掛於汽車前方保險桿的右側尖端（圖 12-7）。若有兩國國旗，則分別懸掛兩側，地主國之旗居右，外國國旗居左（以坐在車內往前看的角度而言）（圖 12-8）。

圖 12-7　單面國旗懸掛於汽車的方式

圖 12-8　兩面國旗懸掛於汽車的方式

## （三）與外國國旗並列

我國國旗與外國國旗並列同樣也是服膺「尊右原則」，依旗幟本身位置面對眾人為準，以地主國國旗為尊，他國國旗次之。因此，在國外如果將我國國旗與當地國國旗同時懸掛時，當地旗應在右邊，我國國旗在左邊。

如果在我國國境內，我國國旗與外國旗並列時，旗幅的大小及旗桿的長短須相等。本國旗在外國旗的右方，外國旗在本國旗的左方。掛法可分為並排懸掛的並掛懸掛法（圖 12-9）與將旗桿交叉懸掛的交叉懸掛法（圖 12-10）：

圖 12-9　並掛懸掛法

圖 12-10　交叉懸掛法，我國國旗旗桿在上

　　多國國旗同時懸掛時，其旗幅大小，旗桿長度均應相同，以示各國平等。當10國以上的國旗並列時，地主國居於首位，排列於最右方（觀看者的最左方），其餘以國名的英文（或法文）字母首字為先後次序排列，或以該場舉辦活動出席貴賓層級高低決定國旗次序（圖12-11）。

　　10國以下的國旗並列，且總數為雙數時，地主國國旗居中央之右方，其餘各國再依國家首個字母先後，或依其他排序原則考量，依次先右後左、從中央對兩旁安排各國國旗位置（圖12-12）；若總數是單數時，地主國就居中央之首位，其餘安排原則不變（圖12-13）。

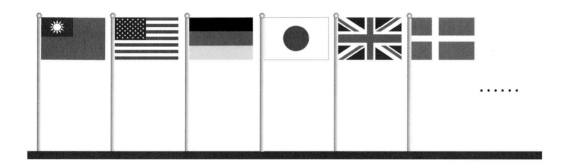

圖 12-11　10 國以上國旗同時懸掛

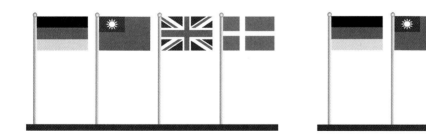

圖 12-12　10 國以下雙數國旗排列　　　　圖 12-13　10 國以下單數國旗排列

## （四）與其他旗幟並列

國旗如果與其他旗幟（例如市旗、校旗或會旗等）同時做交叉懸掛，國旗應位於右邊，而且旗桿宜略高，旗幅可略大（圖 12-14）；若是三旗同時懸掛，國旗應居中，而略高於其他兩旗（圖 12-15）。

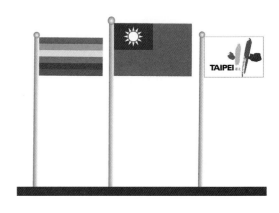

圖 12-14　國旗與其他旗幟之交叉懸掛方式　　圖 12-15　國旗與其他旗幟三旗懸掛方式

在慶典或大會活動舉旗行進上，整隊縱隊行進時，國旗應在前方引導前進；若為並列行進，國旗則應在正中央的位置。

---

**禮儀新視野**　　**掛旗禮儀的進階補充**

全世界各個國家掛旗方式總共有 3 大方式：

1. 「讓人不讓旗」：屬於「美式」作法
2. 「讓人也讓旗」：屬於「歐式」作法
3. 「人旗皆不讓」：屬於「大英國協式」作法

我國是採用「美式」作法的「讓人不讓旗」原則。

進階掛旗禮儀

**NOTE**

Chapter

# 13

## 會議禮儀

### 研讀本章,你可以瞭解

1. 會議的功能與種類。
2. 會議參與者的角色。
3. 會議的正確程序。
4. 會前與會中應注意與遵守的行動要點。
5. 會議主持人、翻譯人員與記錄人員應注意的事項。

### 引言

國際間各組織及各行業為瞭解決問題、商討對策與達成共識等目的,而召集相關的人員共同會商研討,這就是「會議」。會議是在職場上時常進行且非常重要的公務活動之一,為了因應會議解決問題與達成共識的目標,而形成相互尊重的行為模式,以及共同遵守的觀念與原則,便形成了「會議禮儀」。

# 13-1 會議的基本知識

## 一、會議的類型

會議依照舉辦的目的,可分為「諮詢型會議」與「審議型會議」。諮詢型會議的目的是針對某個事件或主題,徵詢大家的意見與集思廣益,討論出一套妥適的方案或解決問題的方法等;審議型會議的目的則是對於提案、計畫案、企畫案、作品等,提出意見並審核通過與否。

## 二、會議中的各種角色

會議當中有許多不同的角色,例如主席、司儀、紀錄人員、翻譯人員、出席者、列席者等,每個角色都有自己的職責與權利。不論參與會議時,扮演的是哪個角色,都應恰如其分,才能讓會議順利的進行並達成開會的目的。會議中不同的角色與職掌如下(表 13-1):

表 13-1 會議中的不同角色

| 主席 | 主席就是會議的主持人,負責維持會議秩序、掌控會議氣氛與控制會議時間。 |
|---|---|
| 司儀 | 有些會議會有司儀,負責協助主席宣達會議流程。 |
| 紀錄人員 | 負責詳實紀錄會議的議程、與會者的發言與決議等事項。 |
| 翻譯人員 | 有外國人士出席的會議就需要安排翻譯人員,以便彼此溝通討論。 |
| 出席人 | 參與會議的人,具有發言、動議、提案、討論、表決與選舉的權利。 |
| 列席人 | 參與會議的人,具有發言、討論與部分動議的權利。 |

### 禮儀小筆記

出席人的權利較多,比列席人多出「提案權」、「表決權」與「選舉權」。我們也可以說列席人擁有的是參與討論與發表意見的權利,出席人則是擁有參與決定的權利。

## 三、會議的流程

　　會議有一套標準的流程安排，正式會議中應依照此流程依序進行每一個會議環節，才是符合禮儀的標準。會議的進行流程如下（圖 13-1）：

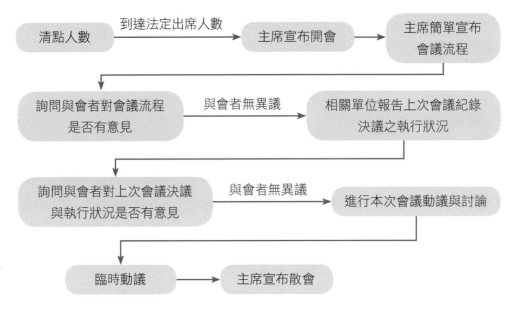

圖 13-1　會議的進行流程

## 四、動議的類型

　　「動議」就是在會議中徵求與會者同意之後，提出或採取之行動、意見、立場、意願之提案。動議的種類包括「主動議」、「附屬動議」與「偶發動議」，以下分別作介紹：

### （一）主動議

　　主動議可分為「一般主動議」以及「特別主動議」。凡提出新提案，需要經「附議」成立，由主席宣布討論及表決者，即為一般主動議；而特別主動議則是指不屬於實質問題，但具有獨立存在的性質，可分成復議動議、取消動議、抽取動議、預定議程動議四種。

主動議在未經附議時，是可以收回的，但是已經經過附議程序的話，就須經附議人的同意，還要主席徵詢大家無異議後才能收回。此外，提議人提了動議之後，即使有事必須先行離開，也不可先將其所提出的動議先行討論。

## （二）附屬動議

附屬動議是指需要附屬一主動議，目的在於改變其內容或處理方式。附屬動議有好幾種，按照行動的優先次序排列，分別為：散會、休息、擱置、停止討論、延期討論動議、付委動議、修正動議、無期延期動議。

## （三）偶發動議

偶發動議是指議事進行時，因偶然發生之問題所提出的動議，可分成權宜問題、秩序問題、會議詢問、收回動議、分開動議、申訴動議、變更議程動議、暫時停止實施議事規則一部之動議、討論方式動議、表決方式動議。

其中，「權宜問題」與「秩序問題」是十分重要的偶發動議類型。**當會議中發生偶發緊急事件，足以影響議場全體與會人員時，就可以提出權宜問題**，例如：會議室停電、天災等；**當議事程序出現錯誤，或與會者發言離題時，就可以提出秩序問題**。出席人一旦提出秩序問題，主席必須立即決定是否採納，或者徵詢與會者的意見，來決定是否接納或者交付表決。例如，提議成立某專案團隊來辦理某一項展覽活動，但是，這個議案還沒有表決，就直接討論這個活動專案團隊由誰來當專案經理的問題，像這種對因果關係有所質疑時，就可以提出「秩序問題」。

# 五、表決相關規定

針對一些議案，有時需要透過表決的方式來決定後續的執行與處理方式，而關於會議表決的方法與規定，有以下幾點內容：

## （一）表決基本原則

1. 秉持著人人平等、自由公開討論的精神。

2. 一次只討論與表決一件事情。

3. 當一件事情已經討論表決過了，就不可再討論或審議。

## （二）表決通過人數

表決通過的最低門檻稱為「表決額」，大部分表決為多數決，同意票超過 1/2 就算通過。有時部分較特殊的議案表決額會較高，例如同意票須達 2/3 或 3/4 才算通過。

## （三）表達方式

表決可以透過不同的表達方式表示同意或不同意，常見的方式有舉手、起立、正反兩方分立表決、唱名表決、投票表決（又分成記名或不記名）、無異議認可等。

## （四）特殊情況

如果遇到雙方票數相同，此時由主席裁決，也就是主席加入則通過、不加入就是否決；如果與會者對表決結果有疑問，就可以提出「權宜問題」，經主席認可後得重新表決，但是僅以一次為限。

## 13-2 會議禮儀

在瞭解開會的基本知識與方法後，就需要知道參與會議的禮儀。以下就分成會議中不同角色應注意的基本禮儀來說明：

### 一、與會者禮儀

對於參與會議者，可以從「會議開始前」與「會議進行中」來看不同時間點須注意的事項：

### （一）會前禮儀

在會議開始前，有以下事項需要注意：

1. **事前的開會通知**：會議前負責人應布達開會通知給與會者，通知中須註明主持人（主席），也必須詳列開會時間、地點、事由、出席人員以及列席人員名單，會議聯絡人的姓名與電話號碼也不要忘記附註。

2. **先整理儀容**：儀容與服裝，就是別人對你的第一印象，會議開始前，建議先去一趟洗手間，先看看鏡子裡的自己，有沒有亂髮或倦容，把儀容先整理好，讓他人留下良好的印象。

3. **提早到場**：請衡量交通狀況，儘量提前到場，不要匆匆忙忙的赴會。若參與會議遲到，很容易無法進入狀況，對於別人發言不甚瞭解，自己發言也可能會不知所云，對與會者也是一種不尊重，也自陷於尷尬的境地。

4. **先審閱資料**：正式的會議場合中，通常會事前寄送會議討論資料，或是當天在報到檯或是會議桌上放置會議資料。有些資料繁多，需要時間消化與掌握重點題綱，才能找出問題的所在，或是回答其他人可能會提出的相關問題，因此「充分的準備」是與會者的基本禮儀，應提早審閱會議相關資料。

5. **先認識重要與關鍵與會者**：提前到場的優點就是可以有充裕時間認識與會者，可以事先瞭解參與這項會議的成員，並預先獲知其所負責的工作職掌與範圍，也可交換彼此的名片，便於會中討論與會後聯繫。

## （二）會中禮儀

會議進行當中，有以下事項需要注意：

1. **依主辦單位安排的座次就座**：在正式的會議中，主辦單位有義務按照「禮賓排序」與「座次禮儀」為出席人員安排適當的座位。通常會議中的座位安排會根據功能取向，依照公司或單位的次序來安排座位，同單位的出席者或許不只一位，可坐在一起以方便諮詢。假若沒有安排座位，出席者應彼此有共識，請職位高者位居上座。

2. **條列式重點發言**：參加會議的與會者在發言前，必須先摘記條列式要點，再言簡意賅的依次敘明，並且嚴格的控制時間，切勿同樣的意思反覆陳述，滔滔不絕慷慨陳詞，而導致一發不可收拾。

3. **聲音宏亮清晰**：這是對主席、與會者的禮貌，更是對記錄人員的尊重，因為在會後記錄員必須整理成文字紀錄，如果音量太小，或者是說話不清楚，對記錄人員來說，是一件很困擾的事情。

4. **注意言語表達**：會議中正反意見的陳述與不同見解的發表是很正常的，但當與其他人有不同意見時，必須留意言詞技巧，不要隨意批評他人，記得使用婉轉的表達。例如：「很感謝協理的寶貴意見，這方法很實用。但是……」採取「先肯定、再存疑」的方式，切勿流於情緒表達而發生爭執。民主的精神，就是我不贊同你的意見，但誓死維護你發言的權利，更重要的是，也要維持相互尊重的禮貌。

5. **積極任事與表態**：沒有效率的會議，常常不是「議而不決」，就是成了「足球大賽」（遇事推諉大踢皮球）。從開會中，可以看出一個人或者是代表某一個單位的風範與態度。因此，參與會議的心態，切勿刻意保持緘默或者態度模擬兩可，但是也不要把話說死，會議的目的就是為了達成共識，過於堅持己見而各不退讓，反而會產生更多的問題。

6. **有意見與想法必須公開提出**：在會議中常常見到與會者私底下交頭接耳、竊竊私語，似乎意見頗多，但卻又不提出來公開討論，這在禮儀上不甚恰當，對事情的解決也沒有助益。

7. **切勿壟斷發言**：會議中總是存在著一些「意見領袖」，常常想法紛至而滔滔不絕。主席必須發揮決斷力，對時間的控制與維護所有與會者發言的平等權利，要適時斷然處置。

8. **嚴守行動電話禮儀**：開會中請將手機關機或轉為靜音震動模式，避免鈴聲打斷會議的進行或他人的發言。

## 二、主席與司儀禮儀

主席與司儀是扮演會議的「監督者」、「提醒者」與「掌握者」的角色，掌控會議流程的順暢是工作的首要任務，因此對於會議進行的禮儀必須要清楚地了解並確實執行，除了遵守擔任主席與司儀時的禮儀之外，也要督促與會者落實。

例如，司儀須設計讓會議耳目一新的開場白，以及表達熱誠歡迎與會者的歡迎詞，提醒與會者注意「手機禮儀」（開會前宣布關機或調整為震動模式），並且簡單的介紹場地與動線（例如茶水間與洗手間的位置與怎麼走），之後適切地介紹主席；而主席在會議進行中必須掌控整個會議的場面，也要適時引導發言以及維持會議秩序，使會議可以順利的進行。

## 三、傳譯禮儀

在國際會議中，常會設置翻譯人員，稱為「傳譯」（口語翻譯，口譯人員）。「傳譯禮儀」也是非常有學問的，**基本的工作要求為：「信」、「達」、「雅」**（圖13-2），不夾雜個人情緒，首求適切表達。

| 信 | 達 | 雅 |
|---|---|---|
| 翻譯要準確，不偏離原意，不遺漏內容，也不要隨意增減內容。 | 翻譯不拘泥於原文的形式，重點在譯文要通順、使人明白。 | 譯文時選用的詞語要得體，追求原文本身的簡明優雅。 |

圖 13-2　翻譯的信達雅原則

傳譯有時也會成為賓主之間的緩衝，有時講者不經意的用詞不當，傳譯人員在翻譯時加以巧妙潤飾，可避免與外賓間產生不必要的誤會。

# 五、會議紀錄禮儀

「會議紀錄」是忠實記載會議時間、地點、與會者單位等實況，以及提案發言與決議的過程，加上討論結果與決議的記實性文書。會議紀錄的重要性，在於其是以正式公文書的方式記載，用以記錄舉行會議有效的要件、摘要會議重點、決議事項以及主席裁示事項，是能使有關單位或部門據以執行決議事項的文書。

**會議紀錄必須以「簡明」、「確實」、「淺顯」、「清晰」、「一致」、「完整」為原則**。負責撰寫會議紀錄的人員，可以採用錄音設備錄音，待會議結束後慢慢聽，若打字的速度夠快，也可以當下用筆記型電腦做跟打記錄。

## （一）會議紀錄撰寫方法

會議紀錄的撰寫方法可分為三種：

1. **詳述法**：將所有的發言平鋪直敘的詳實記錄。

2. **要點條列式**：除了必要記載的時間、地點、出席人數之外，對每個討論題綱，只作重點式摘錄，並寫下決議事項。

3. **結論式**：除了必要記載的時間、地點、出席人數之外，只並寫下決議事項，其餘省略。

目前一般的公務或商業界的會議紀錄為求精要，多採用「要點條列式」的紀錄方式。

## （二）會議紀錄三大部分

1. 會議現況：會議的時間、地點、主題、主辦者、主席、記錄者、出席和列席人員名單、會議議程等。

2. 會議實際進行報告或討論的狀況。

3. 決議與主席裁示事項。

## （三）紀錄人員紀錄要點

記錄人員撰寫會議紀錄時，有以下事項需要注意：

1. **注意聆聽以擷取要點**：會議紀錄不是錄音機，並不是每個字都要詳記，實際上也沒有這個能力，只須把要點主旨記下來，再於會後整理即可。

2. **記錄人員立場要中立**：這包括兩方面，一是對於與會者的言詞，可能含有一些形容詞句、主觀性，甚至是情緒性的說法，記錄人員必須以客觀的立場，省略一些形容詞與主觀描敘，中性的記錄重點即可；第二，記錄人員或許對某項議題有既定的想法與偏好，製作會議紀錄時必須要迴避自己的成見與喜好，忠實並客觀的陳述記錄過程與要點。

3. **非正式發言不列入紀錄**：有時對於某項程序或議題，有一些成員之間的討論或意見交換，只是形成正式發言或提案的醞釀，這一類的「過程意見」不須列入紀錄當中。

4. **詳實記錄發言者的姓名**：除非是內部會議，否則會議中常有記錄人員不認識的人。記錄人員可在開會前先跟與會者交換名片，確實瞭解與會者的單位、姓名與職稱頭銜，或由會議籌備人提供記錄人員一份座位圖，以便記錄時隨時參考。

---

**禮儀新視野　會議管理「5W」元素**

無論是會議的主辦人還是與會者，一定要以「5W」元素來思考與確定會議辦理的要項，分述如下：

1. Who：有誰參與？明確列出主席、出席人、列席人、紀錄等人員的名單。

2. Where：在哪舉行？選擇適合的地點與場地。

3. Why：為何舉辦？確定會議目的與討論議題，準備相關參考資料給與會人員。

4. When：何時舉辦？確定適當的會議日期及時間，確認會議預計進行的時間，並擬定會議議程時間表。

5. What：需要什麼？確認好要準備哪些器材、設備與開會文件，以利會議流程順暢。

Chapter

# 14

# 面試禮儀

## 研讀本章，你可以瞭解

1. 面試時的注意事項。
2. 面試時的形象管理。
3. 面試時的態度禮儀。
4. 在面試時不可犯的錯誤與禁忌。
5. 面試時可能會被詢問的問題。

## 引言

每年的六月份一到，就是各大學院校畢業生準備投入社會的時節，社會新鮮人莫不關注如何能找到適才適所的工作；已有工作的現職人員，也可能面臨升遷或轉職的考驗。當面對面的對談時，如何獲得雇主的青睞，應注意到的一些禮儀要點，就是相當關鍵的作用。

本章直指面試時須注意到的各項禮儀要點，在面試時能讓「儀表」、「態度」與「心態」上不失分，良好的面試禮儀就是更上一層樓的關鍵能力！

## 14-1　面試的形象管理

　　應徵者的外在形象，就是給主考官的第一印象。外在形象的良劣在一定程度上會影響到面試的評分。因此面試時一定要注意，恰當的穿著能夠彌補自身條件的不足，甚至是掩飾缺點，樹立起自己的獨特氣質，從而脫穎而出。詳細形象建立的原則與要點，可以參閱本書第二章的討論。

### 一、面試的服裝

　　面試時的服裝，最基本的原則為整潔端正，不要太過隨便，也不要奇裝異服。應徵不同行業，可以依據該行業的形象選擇合適的服裝類型，以下介紹幾種常見的面試服裝類型以及適用的面試場合：

### （一）商務正裝

　　商務正裝即為最正式的職場服裝，男性著西裝，女性著套裝（圖 14-1），詳細穿著原則可參考第二章職場正式服裝的說明。商務正裝適用於應徵金融業、法律業等重視專業形象的職業，或是日商公司等有嚴格服儀規定的公司（須事前做功課了解）。

圖 14-1　商務正裝

### （二）商務休閒

商務休閒是在商務正裝的基礎上，放寬部分服裝搭配的限制，除了個人穿著更加舒適之外，也能營造出專業又親切自然的形象。男性的商務休閒服裝可不用打領帶，襯衫也可以 Polo 衫替代，西裝褲可更換為卡其褲，且不一定要與西裝外套同色；女性的商務休閒服裝可將襯衫換為線衫或是較簡單的內搭上衣，下半身可改穿九分褲、窄管褲或長裙，也不一定要與西裝外套同色（圖 14-2）。商務休閒適用於應徵大多數的行業與職業，例如一般資訊科技業、行銷公關產業，或是大部分時間都待在辦公室的文書行政類職業都十分適用。

圖 14-2　商務休閒

### （三）商業便裝

商業便裝是最能展現個人風格的職場服裝，可以選擇更多的單品互相搭配，是較為活潑、隨性的類型。服裝上不論男女均無太多限制，可以穿著寬褲、T-shirt、靴子等，也可以增加一些配飾做變化，惟須注意基本原則是乾淨整潔、不過於隨便與花俏即可（圖 14-3）。商業便裝較適合文藝產業、設計業、廣告業等重視創意與個人特色的職業，可以挑選適合自己又具個人風格的服飾前往面試。

圖 14-3　商業便裝

## （四）面試 NG 服裝

　　討論完面試的合宜服裝，也要謹記哪些服裝搭配對於面試來說並不妥適，才不會誤觸禁忌導致扣分。以下介紹幾種不適宜的面試穿搭：

1. **露趾的鞋子**：不論是涼鞋、拖鞋還是魚口鞋（圖14-4），只要是會露出腳趾頭的鞋子，都不適合在面試時穿著。

圖 14-4　魚口鞋

2. **涼鞋搭配襪子**：近年來有股涼鞋搭配襪子的特殊風潮，有一種率性與俏皮感，甚至不少明星、藝人都有此種穿搭，但此種搭配並不正式，不宜於面試時穿著。

3. **過高的高跟鞋**：高跟鞋可以修飾人體視覺的比例，但過高的高跟鞋不僅使人寸步難行，也並不會有更好的加分效果，反而會給人不恰當的感覺。

4. **休閒運動裝**：連身帽 T、運動排汗衫、球鞋等各式運動服裝，都不適合出現在面試場合，會給人隨便的感覺。

5. **過於鮮豔、俏皮的服飾**：面試是屬於較為正式、嚴肅的活動，過於亮麗俏皮的服飾反而會給人不正經的印象。

6. **服裝尺寸不合身**：服裝太緊會暴露身型的缺陷、服裝太鬆則會有邋遢之感，須選擇合身的服裝以維持最好的形象。

7. **服裝過於暴露**：女性穿著過於暴露的衣服會降低給人的專業感，要注意衣領不要太低，裙長不要過短；男性也不可穿著短褲露出腿部，會有過於休閒與隨便之感。

8. **配飾太多**：過多的配飾會使整體印象過於花俏，應遵守配飾的「三不原則」，以少量小而精美的飾品為主，才能達到增添風采之效。

## 二、儀容的打點

　　除了面試的衣服要挑對，個人的儀容也要整理乾淨、妥善打點，展現出良好的氣色與精神，才能確實為個人形象加分。以下分別說明男性與女性儀表上應注意的事項：

### （一）男性面試儀表注意事項

　　男性要特別注意臉部的清潔，**鬍子一定要刮乾淨**，滿臉的鬍渣會給人邋遢的印象。鼻毛若過長也需要修剪，不可露出。頭髮也要梳理整齊，指甲適當修剪不藏汙納垢，才能給面試官乾淨俐落的印象。

　　此外，男性雖不用化妝，但也須注意氣色，平時就要做好正確的清潔與適當的保養，維持良好的膚況與氣色，避免在面試時遭到印象扣分。

### （二）女性面試儀表注意事項

　　**女性化淡妝是必要的禮貌**，也可以讓氣色看起來更好。部分公司或職業是必須化妝的，面試前要先了解自己應徵的產業與企業文化，才不會在面試時第一關就被刷掉。至於香水可有可無，要使用的話應使用較淡雅的清香味，味道也不宜過重。但保險起見，還是不要擦的好，畢竟面試主管可能對香水過敏，或是不喜歡香水的氣味，使用了反而會造成反效果。

　　除了化妝之外，頭髮要梳理整齊，維持適當的造型，長髮可紮成馬尾或包頭，也可攜帶小梳子以便隨時整理，避免頭髮散亂無章，影響形象；指甲要適當修剪並保持乾淨，若個人有美甲習慣，也不要做過於誇張的美甲造型前往面試，反而有可能因為太花俏遭到扣分。

---

**禮儀小筆記**

染髮是一種建立個人風格與造型的方式，但像金融、法律類產業，或是一些風氣較為保守的公司，可能會對髮色有所限制或是禁止染髮，且面試官對染髮是否抱持開放態度也無法事先得知，因此面試時最好還是保持黑或深棕的髮色，以免在外表的第一關就敗下陣來。

---

## 14-2 面試時的態度禮儀

　　搞定了面試的基本服裝與儀容，接下來就要帶著正確的態度參加面試，讓面試官感受到你對面試的重視與良好的應對禮儀，提高雀屏中選的機率。在進行面試時，應對進退上需要注意以下事項：

1. **先仔細傾聽主試者的問題，不要搶話急著表達**。回答問題時，說話速度保持適中，不要有太多「嗯」、「喔」等發語詞，儘量以肯定的字開始回答，例如「是」、「是的」、「好」、「好的」。

2. **展現出自信**，眼睛請記得看著主考官，不要因為緊張而眼神飄忽不定。如果你不習慣看著他人的眼睛，不妨將眼光焦點集中在對方嘴部，或是額頭到鼻尖之間的區域，也能讓人感覺到你是很認真、很專注的面對提問。

3. 一般人在說話時，會不由自主的用手勢加強語氣，但是面試時應避免太多的肢體動作。**最好的方式是雙手輕握或掌心向下平放在兩膝之上。**

4. **若問到讓自己答不出的問題，切記不要不懂裝懂或給出模擬兩可的答案，誠懇虛心方為上策。** 當然最好是能回答所有面試官提出的問題，這也是為何應該先做些功課的原因，例如：先瞭解查詢網路公司背景資料、請教應徵公司熟人相關問題、事先準備可能被問到的問題與擬答等。

5. 就算內心很緊張，還是**不要忘記保持微笑**。

6. **面試結束，一定要記得感謝應徵的公司、機關與主考官給予面試的機會**。除了當面感謝外，事後也可透過電子郵件撰寫面試感謝信，讓面試官有個好印象。

　　有制度的公司所要的人才，除了專業素養以外，臨場反應與態度也很重要。在眾多應徵者中，主試單位沒有太多時間一一深入探究每位應徵者，決定與否就在短短十多分鐘，說有八成都是印象分數也不為過。因此以誠懇的態度及自信的回答應對，便是面試成功的關鍵所在。

面試禮儀

## 14-3 避免誤觸面試地雷

　　除了掌握基本的面試禮儀外，也要小心不要誤觸面試的「地雷」，有些禁忌一旦觸犯，就會讓自己的形象分數大打折扣，須謹慎看待。以下說明面試時應該要避免的錯誤行為：

1. **遲到是大忌**：若只求準時，多半會遲到，一遲到就犯了大忌，其他就無需再談。早到的好處，便是可以氣定神閒的完成相關的手續，到洗手間整理檢查自己的儀容，還可以靜下心來沉澱情緒。不過要注意也不可太過早到，面試官也有自己的工作安排，有時甚至是還在進行上一位應徵者的面試，太過早到可能反而造成麻煩。建議最好提早 10 ～ 15 分鐘到達指定地點即可。

2. **說話鬼打牆**：參加面試，緊張在所難免，但要避免陳述時一再陷於迴圈而說不到重點，徒然浪費時間，也會讓印象扣分。在說話回答的技巧上，可以用條列的方式陳述，讓面試官覺得你的思維清楚、條理清晰。

3. **不恰當說詞**：一些陳腐、不切實際與不確定的說詞用句不要出現，例如：

   (1) 我對這個工作很有信心：太過於空泛的陳述與想法。

   (2) 這個工作對我來說，是個很好的學習機會：站在公司或機關的立場，面試者應該是已經具備專業知識與工作能力才來的，這麼說會使面試官感覺你還沒準備好。

   (3) 好像是……大概是……有可能……：不確定的回答，就等於沒有回答。

4. **回答太簡單**：常常有面試者的回答只有一句話就結束，無法表達出自己的重要性與優點。過於簡潔的回答只會讓面試官覺得你不夠理解這份工作，或是沒有足夠的誠意來面對這次的面試。

5. **憑空畫大餅**：縱然面試就是向應徵的公司行銷自己，但也不可以亂許願景，尤其是在對於個人以前的業績與成就進行說明的時候，應該具體而且採取較為中性的措詞。例如，舉出實際數字與具體事績來證明。

6. **隱瞞與欺騙**：切勿爲了求得工作與職位，在回答上有所隱瞞甚至是欺騙。寧願因爲誠實回答未獲錄取，也不要任職後讓錄取你的公司單位發現事實不符，因而造成公司與個人間的困擾，甚至產生糾紛。

7. **批評與抱怨**：不要批評與抱怨前份工作、公司與上司，因爲應徵的公司也不願意成爲將來有可能被你批評的對象。

8. **口風不夠緊**：面試官可能會要求你說明或透露前公司或目前公司的業務機密，請委婉拒絕，因爲這有可能在測試你的忠誠度。

　　機會不是只給能力好、學經歷佳的甄試者，而是給眞正準備好的人。如果以上的要點都做到了，就看面試官是否能有慧眼來識英雄了！

Chapter

# 15

## 會展與服務
## 接待禮儀

**研讀本章，你可以瞭解**

1. 會展活動與會展產業的內涵。
2. 大型活動專案的服務人員工作特性。
3. 會展接待檯的服務禮儀事項。
4. 接待禮儀的各項核心要點。

**引言**

會展活動顧名思義，主要由「會議」及「展覽」活動所構成，類此大小規模不等的會議將邀請各種領域及產業的重要人士參加，帶來新觀念與瞭解新趨勢，而各種類型的展覽活動在我國舉辦，更會吸引世界各地買家前來尋求商業合作與採購契機。

本章特別規劃說明會展禮儀，是因為此項活動牽涉到禮賓人才的專業服務，且須具備國際禮儀的知識與妥善運用的能力，是全面性的實務應用。盼藉由此章的介紹與說明，讓讀者瞭解「禮儀」在產業上的功能，以及對「服務工作」的核心價值與重要性。

## 15-1　會展產業的定義

　　結合許多會展活動相互合作的關係，以及人力、物力、資金與專業服務的支援系統，形成一套運作模式，就稱爲「會展產業」。而會展產業的內容可包括一般會議（Meetings）、獎勵旅遊（Incentives）、大型會議（Conventions）、展覽（Exhibitions/ Events）四種，合稱爲 MICE 產業，詳細說明如下（圖 15-1）：

- 某領域之學術研討會
- 招商或投資說明會

- 國際獅子會世界會員大會
- 世界藥學會

一般會議 Meetings
大型會議 Conventions
MICE
展覽 Exhibitions/ Events
獎勵旅遊 Incentives

- 國際旅遊展
- 國際電腦展
- 國際團體會員歡迎晚宴
- 頒獎典禮

- 國際直銷公司績效優秀人員海外旅遊
- VIP 鑽石客戶招待旅遊

圖 15-1　會展產業的內容定義

　　由圖 15-1 可知，這些產業活動非常需要人員服務，尤其是禮儀事務人員，像是會場引導接待、賓客服務、大會與展場現場諮詢服務等，不但是必須的人力配置，更是需要訓練有素、高品質的服務人力。

## 15-2　會展接待人員的工作特性與組成

　　會展接待人員所接待的對象可能來自世界各地，面對各式不同型式與規模的公開活動，禮賓接待的工作性質包括以下特性：

## 一、相同的形象管理

　　所有會面對賓客的接待工作人員，必須具有統一的形象，塑造成一種團隊樣貌，不能突顯個人特質。這種統一形象的塑造，是由單位或主辦單位來掌控決定，而服務工作的品質，則有賴人員訓練與實戰練習才能勝任。

## 二、強調團隊精神

　　禮賓接待人員是代表單位或主辦單位的身分來接待賓客，說是主辦單位的「分身」也不為過。因此，對於工作人員組成後的訓練與核心，就在塑造一種相同價值與理念的「團隊精神」。

## 三、具服務熱誠

　　擔任接待服務工作需要具有熱心服務的人格特質，尤其像會場接待常常需要處理許多的詢問並即時解決問題，得不怕接觸人群、具有同理心。禮儀學上所強調的「易位原則」，就是經過訓練、願意誠懇服務的禮賓接待人員，所要秉持的態度與精神。

## 四、最佳配角

　　活動的主角是主人與賓客，接待人員的本質就是工作，在活動現場協助活動的進行，並接待到場的貴賓。因此接待人員的心態要正確，焦點應集中在主賓雙方，接待人員就是協助活動順利進行的角色，不搶鏡亦不居功。

## 五、臨機應變的工作特質

　　活動接待的對象是人，賓客的身分、背景、習性皆有所不同，現場工作須因應賓客不同的想法及臨時的要求，在短時間內做出適當反應。另外，各種活動的舉辦常常因為突發的狀況須緊急處理，所以接待人員發現問題時應立即通報反映，當下先作恰當的處置，這也需要許多的經驗累積、冷靜與勇氣這兩項特質的培養。

## 15-3 活動接待的服務禮儀

在活動現場接待賓客引導動線時，可分為兩種接待方式：

### 一、靜態引導

又稱靜態指向，在賓客人數較多或接待人員人力有限時適用，於動線上的轉折處或需要明確引導的地方安排人員定點指向，如此可以節省接待人力，又能完成賓客的引導工作。

### 二、動態引導

若人力充足，或是引導的賓客人數不多，可以由禮賓人員跟隨在側做動態引導。接待人員動態引導的位置與要訣如下：

1. 引導人員走在訪客左前方，運用手勢指向並輔以語言提醒。

2. 留意訪客走路速度，適時調整步伐。

3. 眼光要時時留意後方跟隨的賓客，保持適當距離並提供必要協助。距離應該要根據引導賓客的人數而定。如果人少，距離可拉近一些；如果是團體，距離可拉遠一點，以讓所有人都能看到為佳。

4. 上樓梯時接待人員在賓客後方跟隨；下樓梯時，接待人員則在賓客前方帶領。

5. 進出電梯開、關門時，假如只有一位引導人員引導，應用一手按住外牆的按鈕，另一手招呼賓客進入，引導人員最後進入電梯並按樓層鍵，到達目的樓層開門時，引導人員按住開門鍵，先招呼所有賓客先出，最後離開電梯並儘速恢復在前引導的隊形；如果有兩位以上的引導人員，那麼一位引導人員可先進入電梯，按著內部操作鍵保持開門狀態，讓所有賓客進入後，其他引導人員再入內；到達樓層後，最後進入電梯的工作人員先出電梯，恢復在前引導的隊形。

引導禮儀

## 15-4　會展接待檯禮儀

對於會議、展覽、典禮、授證、頒獎等大型活動，通常都會在入口處設置「接待檯」、「貴賓報到處」或是「貴賓簽到處」來歡迎並接待參加的賓客，是提供現場佩戴證件、佩戴胸花、簽名報到、領取資料袋等程序的重要地點。因此，接待報到檯是活動的第一站，也是門面之所在，在此處接待服務的工作人員，對活動的順暢與井然有序負有相當重大的責任。在實務上，會展接待檯的工作人員有 **4W1H** 的**工作禮儀要點**（圖 15-2）：

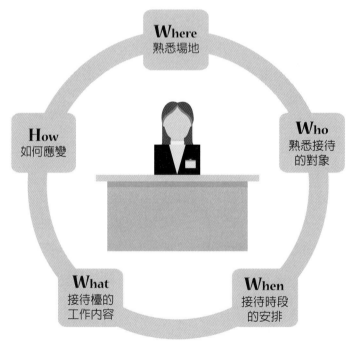

圖 15-2　會展接待檯的 4W1H 禮儀工作要點

## 一、熟悉場地（Where）

禮賓服務與引導人員必須要是最熟悉場地的人，面對賓客的詢問才能給予正確的指引。因此，在場地確定後，服務人員應事先熟悉活動場地的方位與位置，例如：會議室、大會廳的所在，各個洗手間的配置，服務檯、賓客電梯、手扶梯在何處等，並且多次實際確認動線，以熟悉方位與設施地點。

## 二、熟悉接待的對象（**Who**）

　　針對某場活動，接待人員必須知道所接待的對象是誰？特別是主辦單位的高階長官以及到場的重要貴賓，一要能辨認出對象、二要叫得出名字與頭銜，如此才是合格的禮賓工作人員。假如你是受邀到場的賓客，一到現場，接待人員就能叫得出你的大名與職銜，相信你一定備感榮耀與尊重，這就是服務檯工作接待禮儀的貼心之處。

## 三、接待時段的安排（**When**）

　　一場活動現場的時段，可分「前」、「中」、「後」三個區段，三個時間分區都有其技巧性的工作分配與因應之道：

### （一）活動開始之前

1. 接待人員應提早至少1.5小時前到達現場（視活動規模與複雜程度而定，規模大、工作細碎繁多者更須提前到場），全體人員再次巡場走動線，除再次熟悉場地外，亦可發現臨時問題並尋求解決。

2. 確認接待檯各式佩證、資料與物品皆已放置妥當。

3. 聆聽場控主管活動前的工作提示。

4. 各就分配責任區工作崗位就定位。

### （二）賓客開始報到

　　一般來說，活動開始前 30 分鐘到正式開始之間是賓客報到的尖峰時段，接待檯工作務必全體動員，另場控主管專職負責臨時發生的情況與問題解決（Troubleshooting），例如賓客現場提出各種的問題與要求、臨時的不速之客等問題，此時正是接待人員的主戰場，假如接待人員依計畫執行且動作熟練、應變得宜，能順利讓到場賓客按照時間與次序進入會場，工作人員才算盡到應有的責任；反之，如果接待入場秩序一團混亂，除了賓客埋怨之外，對活動的進行將產生很大的負面影響，也會突顯出活動安排的缺失。

## （三）活動結束

正所謂「高高興興的到場、平平安安的回家」，活動開始進場時，工作的核心目標是讓陸續到來的賓客進場順暢；而離場時因為是大量的人潮同時出場，「安全迅速」便是最優先的目標及工作要求。此時，接待人員應於活動將結束前迅速按離場動線位置就位，明確指引賓客行進，也儘量多開放數個出口疏散人潮，以求平安迅速與順暢。

## 四、接待檯的工作內容（What）

接待報到檯既然是活動的首站中心，許多對賓客的服務工作就從此處開始。除了是工作人員配置的重鎮，人員的分工也必須明確。例如：數位資深工作者或場控主管，可以協助重要賓客辨認的工作，讓其他工作人員迅速找出貴賓證並佩戴之。如果是百人以上大型會議展覽宴會，賓客報到、佩證、發給座次卡與資料發放就是一項浩大的工程，活動策劃人必須在接待檯備足人力，且職掌分工要清楚，發揮相互支援及應變的團隊精神，是活動開始賓客入場順暢與否的重要因素。

### 禮儀小筆記

依慣例，在接待檯為賓客佩戴證件與別胸花者多為女性，因無論男女賓客，由女性服務人員來佩證、別胸花皆較無顧忌。

## 五、如何應變（How）

活動現場的狀況瞬息萬變，接待人員在現場面對賓客的各種要求，不論有無道理，都須冷靜並謹慎以對，畢竟禮待賓客正是工作的職責所在。實務上對於服務應變與相對應的禮儀來說，狀況與對策有二：

## （一）得宜的「拒絕禮儀」

在活動接待中，難免會碰到一些賓客提出不合理的要求，可能是礙於身分、能力有限或是規定，自己、主管或主辦單位所不能應允的事情，需要拒絕對方，此時必須運用一些拒絕的技巧，委婉推辭賓客的要求，目的是能顧全對方的面子、理解對方的立場與和緩對方的情緒，讓對方能坦然接受拒絕，這就是服務工作要發揮的「拒絕禮儀」。有關婉轉的拒絕方式，有以下三種技巧：

1. **先肯定再否定**：沒有人喜歡一開始就被對方反駁與否定，因此應先從對方所提出的問題與要求中，先同意你所能答應的部分，再針對你所不能同意或拒絕的部分，委婉卻明確的表示「不」，讓對方知道他已經有所收獲，讓對方有臺階下，也不會再繼續要求了。

2. **時間換取空間**：即使已經確定會拒絕對方的要求，也不要當下立即否決，如此會使對方難堪甚至惱怒，先表明你會「先研究一下」、「先請示一下」、「要讓大家商量一下」或是「給我一點時間，我儘量想辦法」，一方面避免當下拒絕的失禮，緩和一下氣氛，又可讓對方知道，我們是努力過與認真思考過的，拒絕實在是迫不得已。

3. **易地而處**：我們可以用和緩的語氣，訴諸感性而動之以情，說明苦衷，帶有感情的把自己的難處娓娓道出，請對方站在自己的立場與角度，讓對方也能感同身受，相信對方也不會再加以爲難了。

## （二）誠懇的「道歉禮儀」與現場「危機管理」

在工作中，難免會有所疏忽或錯誤，影響可大可小。在工作上所應盡到的義務與責任，都必須一肩挑起，特別是疏忽與錯誤，影響到他人或組織的權利、利益與形象時，就不能再堅持所謂「個人尊嚴」，第一時間必須道歉，以求得對方的諒解，再儘速尋求更正錯誤與彌補損失的機會。「道歉禮儀」也是屬於組織中「危機管理」中的一環，雖然發生錯誤，但是用坦然的態度與立即的誠意化解，往往能獲得對方諒解並恢復信任，甚至是「化危機爲轉機」，在企業管理上有許多案例，往往第一時間不願認錯，還找了許多藉口搪塞，致使情況惡化不可收拾。

　　會展服務接待表現的是國際禮儀團隊式的高階應用，也是具有對人服務高度價值的高前景行業，在未來的趨勢中，「人工智慧」（Artificial Intelligence, AI）將替代許多機械式、運算式、單調性、同一模式與高度重複性的工作，許多的行業甚至可能將消失不見，唯有人性化、創造性與高應變性的工作會更加被需要。禮儀服務工作，正是對人的工作，特性是臨機應變並高度突顯人的價值，滿足人需要受到尊重與榮耀的心理需求。不論我們學習國際禮儀是為了自身的修養，還是應用在實務的工作中，禮儀學知能的寬廣，值得我們終身學習。

**NOTE**

# 參考書目與引用資料

## 中文書籍及期刊

1. 行政院秘書處，《文書處理手冊》，台北：行政院，2010。
2. 林美容，《訃聞中書面親屬稱謂的使用》，漢學研究第二卷第二期，1984 年 12 月。
3. 唐京軒，《現代外交禮節》，台北：世界出版社，1980。
4. 張仁青，《應用文》，台北：文史哲出版社，1995。
5. 提爾頓 (Freeman Tilden)，《解說我們的襲產 (Fnterpreting Our Heritage)》，台北：五南，2007。

## 新聞報章

1. TAIPEI TIMES（Jan. 4, 2010）"Elephant gift to Ireland from Tanzania ＂weighty baby＂ problem".
2. 中國時報，廖志晃（2009，1 月 23 日），〈花店擺烏龍 老人聚會送菊 「圍爐」寫「團爐」〉。

## 外文書籍、論文

1. Luchins，Abraham (1958) "Definitiveness of Impression and Primacy-Recency in Communications", The Journal of Social Psychology ,1958 ,48 ,pp. 275-290.
2. Endicott, Frank (1975) "The Endicott Report: Trends in Employment of College and University Graduates in Business and Industry" , 29th Annual Report.
3. Hall, E. T.(1966) "The Hidden Dimension", New York: Doubleday & Company.
4. Leech,Geoffrey(1983) "Principles of Pragmatics", New York：Longman Group Limited.
5. Mehrabian,A.(1981) "Silent messages: Implicit communication of emotions and attitudes". Belmont, CA: Wadsworth.

## 網路資料

1. 小費禮儀：https://reurl.cc/E1Mlo1

2. 內政部國旗懸掛禮儀網：https://moiweb.moi.gov.tw/flag/how.html

3. 日本用筷禮儀：https://www.hyozaemon.co.jp/culture/manners/

4. 各國用餐禮儀：https://www.laurel.com.tw/index.php?action=article&id=69

5. 如何安全騎自行車：https://168.motc.gov.tw/theme/package/post/1906121100754

6. 西餐餐具擺放的意義：https://reurl.cc/RylGjx

7. 屈膝禮介紹：https://www.wikihow.com/Curtsy

8. 面試服裝小技巧：https://www.taisounds.com/news/content/132/43148

9. 祝賀花卡題辭：https://www.greenidea.com.tw/m/412-1306-11154.php

10. 猶太教飲食：https://www.core-corner.com/Web/Main.php?stat=a_CP0IqoH

11. 搭機禮儀調查：https://www.taiwannews.com.tw/ch/news/3727555

12. 臺北市政府請柬參考範例：https://reurl.cc/5OyWb7

13. 穆斯林清真飲食：https://crossing.cw.com.tw/article/11048

14. 禮儀的分類：https://www.yamab2b.com/why/7923228.html#google_vignette

# 圖片來源

36~37 頁：https://www.hockerty.com/en-us/

38~39 頁：https://www.sumissura.com/en-us/

圖 3-3：https://chevigal.com/wang-steak/

圖 3-4：https://www.thegreatroots.com/21588-2/

圖 4-3：https://168.motc.gov.tw/theme/teach/post/1906121100731

圖 8-1：https://reurl.cc/6Q3O8V

圖 8-2：https://reurl.cc/Y0rNba

圖 8-3：https://reurl.cc/Y0rNba

圖 8-6：https://www.wmxxwh.com/schoolnews/25497

圖 8-11：https://reurl.cc/o5o2kg

圖 8-14：https://reurl.cc/kajYGq

圖 8-15：https://read01.com/zh-tw/ePKkOx2.html

圖 9-4：https://reurl.cc/DoQ2ve

139 頁：https://reurl.cc/m0jOGl

    https://reurl.cc/A0er7Q

圖 9-7：https://reurl.cc/nLj3Ol

圖 14-2：https://www.hockerty.com/en-us/

    https://www.sumissura.com/en-us/

圖 14-4：https://bonbons.com.tw/product/100423

（其餘未列出者為公司圖庫或作者提供）

**國家圖書館出版品預行編目 (CIP) 資料**

國際禮儀完全指南：讓你輕鬆成為禮儀達人 / 梁
崇偉編著 . -- 三版 . -- [ 新北市 ]：
全華圖書 , 2023.12
面 ： 公分
ISBN 978-986-503-475-7 ( 平裝 )

1.CST: 國際禮儀

530                                                                  109012696

# 國際禮儀完全指南—讓你輕鬆成為禮儀達人！

作　　者 / 梁崇偉

發 行 人 / 陳本源

執行編輯 / 何婷瑜

封面設計 / 戴巧耘

出 版 者 / 全華圖書股份有限公司

郵政帳號 / 0100836-1號

印 刷 者 / 宏懋打字印刷股份有限公司

圖書編號 / 0826502

三版一刷 / 2023年12月

定　　價 / 新台幣 490元

I S B N / 978-986-503-475-7

全華圖書 / www.chwa.com.tw

全華網路書店Open Tech / www.opentech.com.tw

若您對本書有任何問題，歡迎來信指導 book@chwa.com.tw

臺北總公司（北區營業處）
地址：23671 新北市土城區忠義路 21 號
電話：(02) 2262-5666
傳真：(02) 6637-3695、6637-3696

中區營業處
地址：40256 臺中市南區樹義一巷 26 號
電話：(04) 2261-8485
傳真：(04) 3600-9806( 高中職 )
　　　(04) 3601-8600( 大專 )

南區營業處
地址：80769 高雄市三民區應安街 12 號
電話：(07) 381-1377
傳真：(07) 862-5562

# 歡迎加入 全華會員

● 會員獨享
會員享購書折扣、紅利積點、生日禮金、不定期優惠活動⋯等。

● 如何加入會員
掃 QRcode 或填妥讀者回函卡回圖卡直接傳真 (02) 2262-0900 或寄回,將由專人協助登入會員資料,待收到 E-MAIL 通知後即可成為會員。

## 如何購買 全華書籍

1. 網路購書
全華網路書店「http://www.opentech.com.tw」,加入會員購書更便利,並享有紅利積點回饋等各式優惠。

2. 實體門市
歡迎至全華門市(新北市土城區忠義路21號)或各大書局選購。

3. 來電訂購
(1) 訂購專線:(02) 2262-5666 轉 321-324
(2) 傳真專線:(02) 6637-3696
(3) 郵局劃撥(帳號:0100836-1 戶名:全華圖書股份有限公司)
※ 購書未滿 990 元者,酌收運費 80 元。

OpenTech.com.tw 全華網路書店

全華網路書店 www.opentech.com.tw
E-mail: service@chwa.com.tw

※ 本會員制如有變更則以最新修訂制度為準,造成不便請見諒。

# 讀者回函卡

掃 QRcode 線上填寫 ▶▶▶

姓名：＿＿＿＿＿　　生日：西元＿＿＿＿年＿＿＿＿月＿＿＿＿日　　性別：□男 □女

電話：（　　　）＿＿＿＿＿　　手機：＿＿＿＿＿

e-mail：＿＿＿＿＿（必填）

通訊處：□□□□□

學歷：□高中・職 □專科 □大學 □碩士 □博士

職業：□工程師 □教師 □學生 □軍・公 □其他

學校/公司：＿＿＿＿＿　　科系/部門：＿＿＿＿＿

註：數字零，請用 Ø 表示，數字 1 與英文 L 請另註明並將書寫端正、謝謝。

・需求書類：
□ A. 電子 □ B. 電機 □ C. 資訊 □ D. 機械 □ E. 汽車 □ F. 工管 □ G. 土木 □ H. 化工 □ I. 設計
□ J. 商管 □ K. 日文 □ L. 美容 □ M. 休閒 □ N. 餐飲 □ O. 其他

・本次購買圖書為：＿＿＿＿＿　書號：＿＿＿＿＿

・您對本書的評價：
封面設計：□非常滿意 □滿意 □尚可 □需改善，請說明＿＿＿＿＿
內容表達：□非常滿意 □滿意 □尚可 □需改善，請說明＿＿＿＿＿
版面編排：□非常滿意 □滿意 □尚可 □需改善，請說明＿＿＿＿＿
印刷品質：□非常滿意 □滿意 □尚可 □需改善，請說明＿＿＿＿＿
書籍定價：□非常滿意 □滿意 □尚可 □需改善，請說明＿＿＿＿＿
整體評價：請說明＿＿＿＿＿

・您在何處購買本書？
□書局 □網路書店 □書展 □團購 □其他

・您購買本書的原因？（可複選）
□個人需要 □公司採購 □親友推薦 □老師指定用書 □其他

・您希望全華以何種方式提供出版訊息及特惠活動？
□電子報 □DM □廣告（媒體名稱＿＿＿＿＿）

・您是否上過全華網路書店？（www.opentech.com.tw）
□是 □否 您的建議＿＿＿＿＿

・您希望全華出版哪方面書籍？＿＿＿＿＿

・您希望全華加強哪些服務？＿＿＿＿＿

感謝您提供寶貴意見，全華將秉持服務的熱忱，出版更多好書，以饗讀者。

填寫日期：　　　/　　　/

2020.09 修訂

---

親愛的讀者：

感謝您對全華圖書的支持與愛護，雖然我們很慎重的處理每一本書，但恐仍有疏漏之處，若您發現本書有任何錯誤，請填寫於勘誤表內寄回，我們將於再版時修正，您的批評與指教是我們進步的原動力，謝謝！

全華圖書 敬上

## 勘 誤 表

| 書號 | 頁數 | 行數 | 書　名 | 作　者 |
|---|---|---|---|---|
| | | | 錯誤或不當之詞句 | 建議修改之詞句 |
| | | | | |
| | | | | |
| | | | | |
| | | | | |

我有話要說：（其它之批評與建議，如封面、編排、內容、印刷品質等・・・・）

# 課後評量

班級：_____

學號：_____

姓名：_____

得　分

## 第1章　認識禮儀最初章

一、選擇題（每題6分，共60分）

（　　）1. 對於禮儀的描述，以下敘述哪些正確？（複選）　(A)禮儀在中國古代主要是宮廷王朝的一套必須遵循的行為模式與規範，原意是要建立封建統治的地位與彼此分際　(B)禮儀在西方歷史上的功能，是王宮貴族與上流社會相互往來的一種行為規範　(C)禮儀的行為模式與俗成，倘因國際相互且密切的往來，形成各地區人士普遍接受與相互認可的行為規範，藉以表達予對方的尊重，這些慣例通行許久而廣為大眾認可並採行，就會形成「國際禮儀」　(D)禮儀的英文Etiquette源自於法文（étiquette），原義是平民百姓生活中所遵行的一套標準

（　　）2. 就場合來分類，現代國際禮儀的範疇可包括下列哪些？（複選）　(A)民俗禮儀　(B)公商務禮儀　(C)外交禮儀　(D)接待服務禮儀　(E)生活禮儀

（　　）3. 下列何者不是禮儀的特性？（單選）　(A)複雜性　(B)規範性　(C)普遍性　(D)多樣性

（　　）4. 現代「禮儀學」的學術研究中，英國學者李奇（Geoffrey Leech）應用在口語的表達上，曾提出「禮貌6原則」（the Politeness Principle），這6項原則中，不包括下列哪一項？（單選）　(A)慷慨原則　(B)得體原則　(C)讚譽原則　(D)機敏原則　(E)謙遜原則

（　　）5. 禮儀學「避忌原則」的運用實例，下列何者為非？　(A)華人社會中的送往迎來，送禮最好不要送雨傘與時鐘　(B)餐宴的菜色安排，要避開主賓不喜歡與不能吃的食材　(C)從中東國家來的賓客，特別準備香腸與火腿禮盒致贈　(D)在華人社會喜慶的場合中，不要送白色的花與禮品包裝

（　　）6. 我們對於學習國際禮儀，應該抱持怎麼樣的態度與心態？（單選）　(A)國際禮儀只是學習餐具怎麼擺、衣服怎麼穿而已　(B)國際禮儀是屬於上流社會人士的舉止規範，與庶民百姓沒有關係　(C)國際禮儀的基礎是生活禮儀與公民禮儀，是要從平常生活就應該遵守的行為準則　(D)國際禮儀是一種強制性的規範，在世界各國或地區都採一致作法，沒有彈性運用的空間

（　　）7. 跟「禮儀」相似的名詞，可包括以下哪幾項？（複選）　(A)禮貌　(B)禮賓　(C)禮節　(D)禮品　(E)儀典

（　　）8. 禮儀就歷史上的演進來分析，以下何者為非？（單選）　(A)中西方的禮儀，在古代都是屬於王公貴族的行為規範　(B)在西洋歷史上，從大航海時代開始，國與國之間的政治、經濟交流日漸頻繁，為了維繫君王的尊嚴與榮譽，便形成了一套官方接觸時的程序，便是國際外交禮儀的由來　(C)在美國脫離英國獨立之後，各階層通行的禮儀已逐漸脫離專屬上流社會的的行為方式　(D)法國國王路易十三時代，宮廷禮儀就從貴族流出，一般百姓也流行此一套行為模式

（　　）9. 「民俗禮儀」包含以下哪些項目？（複選）　(A)會議接待　(B)婚禮禮儀　(C)喪禮　(D)展覽接待

（　　）10.以下哪個項目屬於生活禮儀？（單選）　(A)電話禮儀　(B)會展禮儀　(C)外交禮儀　(D)商業禮儀

二、問答題（每題 20 分，共 40 分）

1. 請舉出 5 種與禮儀相關的職業或工作。
　答：

2. 請解釋什麼是禮儀學核心三原則？每種原則的內容為何？
　答：

課後評量

國際禮儀完全指南－
讓你輕鬆成為禮儀達人！

班級：＿＿＿＿＿＿

學號：＿＿＿＿＿＿

姓名：＿＿＿＿＿＿

得　分

# 第 2 章　形象塑造與管理

## 一、選擇題（每題 8 分，共 80 分）

（　　）1. 有關人際溝通初次見面印象的「7-38-55規則」，以下敘述哪些正確？（複選）(A)對某人的整體印象，「外表形象」佔7%　(B)對某人的整體印象，「外表形象」佔38%　(C)對某人的整體印象，「言詞內容」佔55%　(D)對某人的整體印象，「聲音等說話方式」佔38%　(E)對某人的整體印象，「言詞內容」佔7%

（　　）2. 關於一個人的職業形象表現，下列敘述哪些正確？（複選）　(A)「智慧形象」是指一個人的社會地位與學歷高低　(B)「外表形象」是指儀容、儀表、儀態、行為、言語等給人的觀感　(C)「精神形象」是指價值觀、邏輯觀念、眼界與世界觀、品格、道德等　(D)「職務形象」是指一個人的價值觀、思考模式與形式風格　(E)「知識形象」是指學經歷、證照資格、專業知識、社會知識等

（　　）3. 當我們想跟一個單位或公司聯繫接觸時，可以透過哪些媒介？（複選）(A)信函與公文　(B)電話總機　(C)公司或機關網頁（含社群媒體）　(D)客服人員　(E)接待人員

（　　）4. 個人所塑造的外表形象，可以表現出哪些意涵？（複選）　(A)自己的審美觀　(B)個人內在涵養與氣質　(C)工作上的態度　(D)專業能力　(E)語言能力

（　　）5. 有關初次見面印象的「7-38-55規則」，以下敘述何者為非？（複選）　(A)對某人的整體印象，佔55%的是「外表形象」　(B)對某人的整體印象，佔38%的是「外表形象」　(C)對某人的整體印象，佔7%的是「言詞內容」　(D)對某人的整體印象，佔55%的是「聲音等說話方式」　(E)對某人的整體印象，佔38%的是「言詞內容」

（　　）6. 關於一個人的職業形象表現，下列敘述何者為非？（複選）　(A)「智慧形象」是指一個人的領導能力、判斷力、創造力、決策力等　(B)「外表形象」是指儀容、儀表、儀態、行為、言語等給人的觀感　(C)「精神形象」是指價值觀、邏輯觀念、眼界與世界觀、品格、道德等　(D)「職務形象」是指一個人的價值觀、思考模式與形式風格　(E)「知識形象」是指一個人的眼界、世界觀與邏輯思考等價值觀等

（　　）7. 如果想要建立在職場上的裝扮、穿著以及整體呈現的優良形象，應遵守以下哪些原則？（複選）　(A)強調個人　(B)避短揚長　(C)低調奢華　(D)簡潔舒適

（　　）8. 「職業形象」的建立，主要是給予他人哪些主觀感覺？（複選）　(A)距離感　(B)信賴感　(C)權威感　(D)專業感

（　　）9. 男性穿著西裝時的動作與方式，以下方式何者正確？（複選）　(A)坐下時，西裝外套單排的鈕釦要全部解開　(B)坐下時，西裝外套單排的鈕釦最下面一顆鈕釦解開即可　(C)站起時，西裝外套單排的鈕釦最下面一顆鈕釦要解開　(D)鑰匙圈可掛在西裝褲的皮帶環上

（　　）10.依據本書就「職業形象」的定位象限來說，如果你在飯店業工作，服飾的定位可能會是？（單選）　(A)傳統與拘束　(B)自由且個人化　(C)嚴謹與自由　(D)創新但受約束

二、名詞解釋（每題 10 分，共 20 分）

1. 什麼是服裝穿著的「T.O.P」原則？
   答：

2. 什麼是 Dress Code？
   答：

國際禮儀完全指南－
讓你輕鬆成為禮儀達人！

班級：＿＿＿＿＿＿

得　分

## 第 3 章　餐宴禮儀

學號：＿＿＿＿＿＿

姓名：＿＿＿＿＿＿

一、選擇題（每題 5 分，共 100 分）

（　　）1. 請柬上如註明「Regrets Only」，是代表什麼意思？（單選）　(A)請及早回覆　(B)僅邀單人出席　(C)如不出席才回覆主人　(D)確定無法出席

（　　）2. 餐巾之擺放與使用原則，下列敘述何項正確？（單選）　(A)原則上由男主人先攤開，其餘賓客隨之　(B)餐巾之四角用來擦嘴、擦餐具、擦汗等　(C)中途暫時離席，餐巾需放在椅背或扶手上　(D)餐畢，餐巾可隨意擺放

（　　）3. 席次安排的3P原則不包含下列何者？（單選）(A) Position　(B) Political situation　(C) Place　(D) Personal Relationship

（　　）4. 有關中餐餐桌禮儀，下列何項敘述錯誤？（單選）　(A)當別人食物未吞嚥以前，勿舉杯敬酒　(B)若取用有密封塑膠套的濕紙巾時，宜用手撕開，切勿用力拍破　(C)用餐時，勿拿筷子敲餐具　(D)用餐時注意肢體儀態，要以口就碗

（　　）5. 關於西式餐宴禮儀，下列何項敘述最為適當？（單選）　(A)當所有人的菜都上好了，即可自行開動　(B)喝湯時，可一手舉湯碗，一手用匙舀之食用　(C)湯若很燙，可先自行吹涼再喝　(D)嘴巴能容納多少湯，就舀多少湯汁，不要先舀一大口，再分二、三次喝完

（　　）6. 有關各類酒杯的拿法，下列敘述何項錯誤？（單選）　(A)喝紅酒時，拿杯柱（或稱杯腳）　(B)喝白蘭地時，杯柱需穿過食指中指間縫隙，用手掌由下往上握住杯身　(C)喝紅酒時，直接握住杯身　(D)喝威士忌酒時，直接握住杯身

（　　）7. 宴會用餐時，餐巾的使用原則，下列何項最為恰當？（單選）　(A)原則上由男主人先攤開，其餘賓客隨之　(B)餐巾是使用於擦拭餐具，不宜擦拭嘴　(C)餐畢，將餐巾放回座位桌面左手邊即可　(D)中途暫時離席時，餐巾須蓋住餐具以表示衛生

（　　）8. 導遊人員針對穆斯林團體應安排清真餐食，以表示我國的觀光環境對於穆斯林的友善。清真餐食英文應如何表達？（單選）　(A) Kosher Meal　(B) Halal Meal　(C) Vegetarian Meal　(D) Hindu Meal

（　　）9. 西餐用餐完畢，刀叉該如何擺置？（單選）　(A)將刀叉架在餐盤上，成八字形　(B)將刀叉平行放置於餐盤上　(C)將刀叉交叉放置於桌面上　(D)將刀叉以原樣放置於桌面上

（　　）10.使用西餐時，如果將餐巾放回餐桌，表示何種含意？（單選）　(A)讚賞廚師　(B)不再回座用餐　(C)繼續用餐　(D)幫服務生的忙

（請沿虛線撕下）

（　）11.參加正式宴會，下列食物吃法何項較適當？（單選）　(A)吃整條魚時，正面吃完可翻面取食　(B)吃龍蝦時，宜直接以手剝殼沾料食之　(C)吃義大利麵時，可將麵捲在叉上食之　(D)吃烤馬鈴薯時，宜用刀劃開後以手取食

（　）12.西餐餐巾的用途，除防止食物弄髒衣服外，還有下列何種適當用途？（單選）　(A)擦拭嘴角　(B)清潔餐具　(C)擦臉　(D)抹汗

（　）13.在西餐禮儀中，夫婦一同宴客，賓客何時可以開始用餐？（單選）　(A)女主人坐好後　(B)男主人坐好後　(C)女主人打開餐巾放在膝蓋上後　(D)男主人打開餐巾放在膝蓋上後

（　）14.中餐席間，要放下筷子時，下列何種擺放方式，較為適當？（單選）　(A)放在碗上　(B)插在碗中　(C)縱放在碗側　(D)橫放在碗前

（　）15.王經理於兩週後擬邀宴貴賓聯誼，下列有關貴賓的邀請，哪一項是合宜的？（單選）　(A)主陪賓身分地位要相當　(B)貴賓數量以13人為宜　(C)對主賓飲食喜好與禁忌要特別留意　(D)寄出邀請函後可以不用再行確認

（　）16.一般宴會邀約最遲應在何時寄達？（單選）　(A)一週前　(B)一個月前　(C)三天前　(D)一天前

（　）17.西式請柬上註明之R.S.V.P.代表何種意義？（單選）　(A)請著正式服裝　(B)請準時到達　(C)請回覆　(D)婉謝禮物

（　）18.參加宴會時，以下何種行為較不恰當？（複選）　(A)提早30分鐘就直接到主人家，以免塞車遲到　(B)可隨手帶一瓶紅酒或小禮物，向主人表達感謝邀宴之意　(C)事先沒有告知主人自己要帶一位朋友一起赴宴　(D)主人開始用餐時，才開始跟隨用餐

（　）19.在西式宴會座位安排原則，單主人（無女主人）哪一個方向的位置為最尊位？（單選）　(A)主人的右手邊　(B)主人的左手邊　(C)主人的對面　(D)隔主人左邊一個位子

（　）20.楊先生夫婦當主人邀請主客王董事長夫婦參加晚宴，依中餐禮儀安排圓席次，下列何者正確？（單選）　(A)王董事長夫婦面對門口的位置　(B)王董事長夫婦靠近門口的位置　(C)楊先生夫婦面對門口的位置　(D)楊先生夫婦坐中間的位置

班級：_____

得　分

## 第4章　交通與住宿禮儀

學號：_____

姓名：_____

一、選擇題（每題 5 分，共 80 分）

(　　) 1. 搭乘中或大型遊覽車時，如附圖，下列何項位置為首位？（單選）　(A) D 座位為首位　(B) B 座位為首位　(C) F 座位為首位　(D) H 座位為首位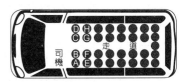

(　　) 2. 有關行進的禮儀，下列敘述何者正確？（單選）　(A)前尊、後卑、右大、左小　(B)前卑、後尊、右大、左小　(C)前尊、後卑、左大、右小　(D)前卑、後尊、左大、右小

(　　) 3. 三人並行時，其尊卑的位置排列，下列敘述何項正確？（單選）　(A)右為尊，中次之，左最小　(B)右最小，中次之，左為尊　(C)右次之，中為尊，左最小　(D)左為尊，中最小，右次之

(　　) 4. 當男主人親自駕車，搭載一對夫婦友人時，這對友人夫婦應該如何選擇座位？（單選）　(A)夫坐駕駛座旁，婦坐在右後方　(B)婦坐駕駛座旁，夫坐在右後方　(C)婦坐駕駛座旁，夫坐在左後方　(D)兩人皆坐後座

(　　) 5. 當我們騎自行車時，下列何項行為不甚妥當？（單選）　(A)要轉彎之前，先行舉起轉於同方向的手勢預先警示後方車輛　(B)人行道上穿梭人群，不斷按鈴警告行人快點讓路　(C)兩輛或三輛自行車同行，前後成一直線　(D)夜間騎自行車，注意車上應加裝反光裝置以維安全

(　　) 6. 有關 9 人座巴士座次安排的禮儀，請參考附圖，下列何項正確？（單選）　(A) E 座為首位　(B) B 座為首位　(C) C 座為首位　(D) H 座為首位

(　　) 7. 有關搭乘飛機的禮儀，下列何項較為合宜？（單選）　(A)找到位子就座後，就可以馬上脫下鞋子，以求輕鬆　(B)飛機一著地，就可以起身拿手提行李　(C)使用洗手間後，要順手用紙巾擦拭一下自己使用後濺出的水漬　(D)既然不是搭乘廉價航空，那便可要求空服員多提供飲酒以求划算

(　　) 8. 若駕駛座在左側，有關乘車座次安排的禮儀，下列敘述何項錯誤？（單選）　(A)有司機駕駛之小汽車，以後座右側為首位　(B)主人駕駛之小汽車，前座主人旁的座位為首位　(C)有司機駕駛之小汽車，依國際慣例，女賓應坐前座　(D)主人駕駛之小汽車，應邀請男主賓坐前座，主賓夫人則坐右後座位

(　　) 9. 一般而言，上下樓梯禮儀，下列敘述何項錯誤？（單選）　(A)上樓時，男士在前，女士在後，長者在前年輕者在後　(B)上樓時，女士在前，男士在後，長者在前，年輕者在後　(C)下樓時，男士在前，女士在後　(D)下樓時，幼者在前，長者在後

（　　）10.一對情侶於馬路上靠右邊同行，下列何項為正確的行進禮儀？（單選）　(A)男士走在女士的左側　(B)男士走在女士的前右側　(C)男士走在女士的正前方　(D)男士走在女士的後右側

（　　）11.有關搭乘電梯禮儀，下列何項行為最恰當？（單選）　(A)當電梯擁擠時，男士應先進入電梯為女士占領空間　(B)入電梯應轉身面對電梯門，避免與人面對站立　(C)搭乘電梯要以先入後出為原則　(D)進入電梯後應面向內，以便與朋友談話

（　　）12.床頭小費宜放置於房間內何處最為恰當？（單選）　(A)電視上　(B)書桌上　(C)酒櫃上　(D)床鋪上

（　　）13.有4人外出搭乘由司機開車的轎車上（座位如附圖），你是位階最低的辦事員，職位再上去由低到高為專員、科長及主任，以下有關座位的安排，何者正確？（單選）
(A)科長坐 A 的座位　(B)科長坐 D 的座位　(C)主任坐 D 的座位　(D)專員坐 B 的座位　(E)主任坐 B 的座位

（　　）14.你是位階最低的辦事員，跟科長及區經理（最高階）在走廊中行進，3人之間走路的相對位置，以下敘述何者正確？（單選）
(A)科長在 B　(B)你在 C　(C)區經理在 A　(D)科長在 C　(E)區經理在 B

（　　）15.你擔任某項會議的引導接待人員，有關你跟賓客的相關位置，以下敘述何者正確？（單選）　(A)主賓在 A　(B)你在 C　(C)主賓在 D　(D)你在 A　(E)區經理在 B

（　　）16.有關搭乘電梯的禮儀，以下敘述哪些正確？（複選）　(A)把握「外先進、裡再出」的原則　(B)站在樓層按鈕旁的人，應該主動詢問其他人想要到達的樓層，並且幫忙按鍵　(C)為求迅速，可以一直戳按電梯關門鍵以節省時間　(D)電梯中是密閉空間，衛生起見，儘量少交談為宜

二、問答題（共 20 分）

1. 請分別就 5 人座汽車及由司機駕駛的 9 人座小巴士為例，請畫圖說明依位階高低入座標註乘車次序的位置。

　　答：

班級：_____　　　得　分

第 5 章　通訊禮儀

學號：_____

姓名：_____

一、選擇題（每題 5 分，共 80 分）

（　　）1. 關於一般電話禮儀，下列何項敘述錯誤？（單選）　(A)說話速度要合宜，不可因趕時間而太快　(B)接聽電話，留意自己說話的口氣　(C)若有些話不想讓對方聽見，最好按住話筒談話　(D)用餐時間，接聽電話，不宜邊說話，邊吃東西

（　　）2. 在辦公室接聽電話，下列敘述何者正確？（複選）　(A)儘量在響三次鈴聲響起之內接聽　(B)儘量不要鈴聲一響就馬上接聽　(C)如果對方打錯電話，直接掛斷電話即可　(D)接聽電話要報出自己的單位與姓名

（　　）3. 公務電話要有效成功溝通，有哪三項要求？（複選）　(A)簡潔有效率　(B)要傳達正確訊息　(C)多使用專業術語　(D)讓對方容易瞭解

（　　）4. 當要結束通話，由哪一方表達結束通話的意思較為妥當？（單選）　(A)去電者　(B)接聽電話者　(C)誰結束都可以

（　　）5. 當接到要找辦公室同事的電話，剛好他不在，你該如何回應較妥當？（單選）　(A)「他下班了，明天再打來」，然後就可掛斷電話　(B)「喔，她剛好去上廁所了，等下再打來」，然後就可掛斷電話　(C)「她剛好去開會了，請等下再打來好嗎？」然後就可掛斷電話　(D)「她剛好外出開會，是否有可以協助幫忙的？或者留下您的聯絡電話，我會請她跟您聯絡」

（　　）6. 當接到陌生人要找辦公室一位同事的電話，剛好他不在，然而對方要求你告知同事的行動電話，如何回應最為恰當？（單選）　(A)「喔，你提筆記一下。她的行動電話是……」　(B)「嗯，你是她的誰？為何要她的行動電話？」　(C)「抱歉，不太方便告知，請等下再打來好嗎？」　(D)「這樣好了，您是否方便留下您大名與聯絡方式，我會轉交給她。」

（　　）7. 有一件業務需要打電話跟對方詳細討論，下列哪一個時間最為適合？（單選）　(A)中午12時整　(B)傍晚5時45分　(C)下午1點10分　(D)上午10時20分

（　　）8. 1996年臺北市政府交通局曾經推廣「簡、短、輕、動」行動電話禮儀，其內容包括哪些要點？（複選）　(A)多使用簡訊　(B)手機轉為震動模式　(C)講話應輕聲細語　(D)鈴聲響起，接電話的動作要快　(E)儘量長話短說

（　　）9. 對於智慧型手機所使用的通訊軟體溝通禮儀，下列敘述何項態度與行為恐有問題？（單選）　(A)訊息傳遞前務必確定是在哪個群組留言，避免誤傳訊息造成誤解與困擾　(B)公務工作導向所設立的通訊群組，在必要時才使用，不要轉傳笑話或無關的資訊，以免造成群組成員的困擾　(C)用通訊軟體LINE向主管請假，貼上請假訊息就算完成通知，可以安心休假去　(D)用通訊軟體交談也要注意彼此身分與分際

（　　）10.智慧型手機、平板電腦已成為當今人們的必備隨身裝置，以下行為不恰當？（單選）(A)走在路上，邊走邊滑手機　(B)在公眾場合用想手機聽音樂，用耳機來收聽　(C)搭乘高鐵等大眾運輸交通工具時，為了打發時間，直接用平板電腦播放聲音收看影片　(D)搭乘捷運等大眾運輸交通工具時，為了打發時間，用手機玩遊戲時播放聲音

（　　）11.下列哪些場合與時機必須要關閉行動電話或轉成靜音模式？（複選）　(A)搭乘飛機準備起飛與降落時要關閉行動電話或調整為飛航模式　(B)到電影院看電影，要轉成靜音模式　(C)到音樂廳聆賞演出，要轉成靜音模式　(D)到醫院就診、探病甚至住院，行動電話要轉為靜音模式

（　　）12.對於行動電話通話禮儀，下列何者為非？（單選）(A)在公眾場合通話，一定要壓低音量，以免打擾他人　(B)撥打他人的行動電話接通時，要先問對方是否方便通話　(C)在上班時間，不要花太久時間講私人電話　(D)接到陌生人要找不在辦公室的同事，並要求告知行動電話，因為對方說有急事，所以應該要趕快告知

（　　）13.處理抱怨電話的應對技巧，以下對話範例何者比較妥當？（單選）　(A)「從來沒有聽說過這種事，是不是你弄錯了？」　(B)「規定就是這樣，我也沒有辦法！」　(C)「不可能啦！我們從來不會發生這種問題的！」　(D)「這事情雖然不是我處理的，但是我會幫忙瞭解，再儘快跟您回覆！」

（　　）14.結束電話通話的要點與技巧，以下哪些較合乎禮節？（複選）　(A)再次向對方表達感謝之意，再結束通話　(B)掛上電話聽筒前，先用手指按住通話鍵來結束通話　(C)要由打電話的人主動表達結束通話之意　(D)如果對方喋喋不休，委婉找個理由，例如須緊急出門開會，會找時間再次聯絡

（　　）15.對於電話禮儀中，下列哪些是不恰當的行為？（複選）　(A)發現撥錯號碼，趕緊掛斷　(B)接聽電話時要先報上公司單位或名稱　(C)早上因為時間匆忙，可以一邊吃早餐一邊打電話聯絡客戶，以爭取時效　(D)接聽電話要以愉悅的聲音來回答

（　　）16.電話留言時，下列何者不必說明？（單選）　(A)姓名　(B)電話號碼　(C)時間　(D)詳細事由

二、問答題（共 20 分）

1. 如果你擔任主管秘書、機要或是幕僚時，當你接到沒有自報來歷、想找主管接聽的陌生電話時，你應該怎麼應對與處理較為妥善合宜？試申論之。

　　答：

10

班級：＿＿＿＿＿＿

得　分

第6章　介紹禮儀

學號：＿＿＿＿＿＿

姓名：＿＿＿＿＿＿

一、選擇題（每題5分，共60分）

（　　）1. 介紹禮儀適用的場合，包括以下哪些活動或場景？（複選）　(A)拜訪與開發新客戶　(B)參加會議　(C)參加歡迎酒會　(D)參加宴會　(E)去電影院看電影

（　　）2. 如果在某一場合想為他人介紹，必須注意哪些禮儀要點，才不會造成當事人的尷尬？（複選）　(A)要先想想是否有任何顧慮或不方便之處，如有必要可先私下徵詢當事人的意見　(B)不要打斷他人談話而強行介紹　(C)不管彼此之間的位階與地位是否差距過大，都可以為之介紹　(D)如果在某一公開場合中，某位重要人士即將離開，為了把握難得的機會，可以趕快為人介紹

（　　）3. 以下是在某一場合中，為他人介紹的先後次序，哪些合乎禮儀？（複選）　(A)將「位低者」介紹給「位高者」　(B)將女士介紹給男士認識　(C)將「個人」介紹給「團體」　(D)將「賓客」介紹給「主人」

（　　）4. 在許多場合中，哪些情況下可以進行自我介紹？（複選）　(A)在開會之前，想要與各單位的聯繫對口人員認識時　(B)參加正式宴會對於鄰座的賓客，特別是女賓，可以先自我介紹　(C)女主人與來賓不認識時，來賓可以主動向女主人自我介紹　(D)參加茶會、酒會等交誼的場合，為了想拓展人脈，可以在適當時機向陌生的賓客做自我介紹

（　　）5. 當為他人介紹時，以下哪些行為是不恰當的？（複選）　(A)為了使人印象深刻，可以幫被介紹的人多誇耀一些事蹟也沒關係　(B)如果彼此間地位沒有相差太大，可以把女性介紹給男性　(C)為人介紹時，不要喋喋不休，以免妨礙彼此交流的機會　(D)在餐會中，大家正享用主餐時，此時介紹人帶著被介紹人前去敬酒，並為雙方介紹　(E)在為人介紹前，要先仔細思考與探究雙方是否有敏感與不便交談的情況

（　　）6. 在哪些場合或活動，會有需要介紹的需要？（複選）　(A)引介一位朋友給對方認識　(B)參加會議前與會者相互自我介紹　(C)一場正式典禮中，司儀一一介紹重要貴賓　(D)跟自己親友外出踏青

（　　）7. 在某一場合中要為他人介紹，以下何種舉動不恰當？（複選）　(A)當他人正在談話時，從旁插話來介紹　(B)把位高者介紹給低階者　(C)把男士介紹給女士　(D)為他人介紹時，詳細介紹學經歷與背景資料

（　　）8. 想認識他人上前作自我介紹時，下面何種時機較為適當？（單選）　(A)對方準備要離開時　(B)對方正在與他人密切交談時　(C)對方剛好在座位上並無做其他事時　(D)餐會中對方正在張口享用美食時

（　　　）9. 在許多場合中，哪些情況下可以進行自我介紹？（複選）　(A)在路上對陌生的行人　(B)參加正式宴會對於鄰座的賓客，特別是女賓，可以先自我介紹　(C)女主人與來賓不認識時，來賓可以主動向女主人作自我介紹　(D)一團體多人拜訪某一機關，機關首長一一跟來訪者握手時，每個人都可向首長簡單介紹自己的職銜與姓名

（　　　）10. 當為他人介紹時，以下哪些方式合乎介紹禮儀？（複選）　(A)引介兩人後，即讓雙方自行交談即可　(B)如果彼此間地位相仿，應把女性介紹給男性　(C)在餐會中，主人正在與鄰座主賓交談時，介紹人帶著被介紹人前去敬酒，並為主人介紹　(D)在為他人介紹前，要先問問當事人的意願

（　　　）11. 當你擔任某一場活動的司儀，在一開場介紹貴賓之前，要注意什麼要點？（複選）　(A)注意貴賓姓名的正確念法　(B)注意貴賓正確的單位與職銜　(C)注意貴賓的年齡大小　(D)注意貴賓名單宣布時的排列次序

（　　　）12. 當你接受他人的介紹時，何種態度符合禮儀？（單選）　(A)微笑點頭，不發一語　(B)收起對方的名片後，繼續跟旁人聊天　(C)可握手並表達很高興認識對方的話語　(D)眼神無需交會，微笑即可

二、問答題（每題 20 分，共 40 分）

1. 當你想要為他人介紹時，需注意哪些次序上的禮儀？試申論之。
答：

2. 在介紹見面的場合，雙方也常常會握手為禮表達問候之意，請列舉出握手時的禮儀技巧與注意要點。
答：

# 課後評量

國際禮儀完全指南－
讓你輕鬆成為禮儀達人！

## 第 7 章　名片禮儀

班級：＿＿＿＿＿＿

學號：＿＿＿＿＿＿

姓名：＿＿＿＿＿＿

得　分

一、選擇題（每題 5 分，共 60 分）

（　　）1. 當遞送名片給對方自我介紹時，應注意的禮儀以下何者爲非？（單選）　(A)要不斷的彎腰鞠躬以示誠意　(B)如果對方是外賓，印有外文的那面要朝上　(C)如果對方是日本或韓國人士，可用中文的那面朝上，因爲對方也認識漢字　(D)遞送名片時，口頭上也應同時搭配敬語謙語，請對方指教與保持聯繫　(E)名片應以雙手遞出

（　　）2. 當雙方互換名片時，以下哪些動作是正確的？（複選）　(A)拿到對方名片要先複誦姓名以及職銜，並請對方多多指教　(B)拿到對方名片馬上收到襯衫口袋裡，以好好保存　(C)與對方在交談中的一些個人資訊，可當面寫在對方給的名片上　(D)與對方在交談中，不要下意識的撥弄對方的名片

（　　）3. 對於名片的印製，以下何者較不妥適？（單選）　(A)風格與設計要符合自己從事的工作形象　(B)受僱工作者應參照公司統一的名片範本來印製自己的名片　(C)在名片正面將自己的名字旁標註最高學歷「碩士」的頭銜　(D)除非有特別用意，否則名片的尺寸要符合一般方便收納的規格（寬 9 公分、高 5.5 公分）爲佳

（　　）4. 如果在某一場合需要遞給多人名片，順序該如何決定，下列敘述何者正確？（單選）　(A)距離由遠而近　(B)對象的地位由卑而尊　(C)隨機分送皆可　(D)先給主賓再給陪賓

（　　）5. 對於名片禮儀，以下哪些想法或行爲是較不恰當的？（複選）　(A)爲了表示個人的豐富學歷、經歷與資格，可以把全部個人資訊全印在一張名片上，可以在任何場合使用，也比較省錢　(B)在出席某一個場合前，一定要確定自己隨身的名片是否足夠，避免名片發完有人沒有拿到而造成失禮的情況發生　(C)如非必要，勿主動向女性、地位階層有明顯差距或知名人士索取名片　(D)因爲職務變動或聯絡電話更改，爲了省錢避免浪費，可以用修正帶塗掉用筆寫上　(E)宴會結束後，把別人的名片遺留在餐桌上

（　　）6. 當遞送名片給對方自我介紹時，以下何種動作是正確的？（單選）　(A)目光應看自己遞出的名片　(B)名片字樣方向正面應朝自己　(C)以左手遞出　(D)口頭上應同時說出自己的單位職銜與姓名

（　　）7. 當雙方互換名片時，以下哪些動作是正確的？（複選）　(A)位階低者應先遞出名片　(B)拿到對方名片應馬上收到口袋裡　(C)對方名片在手中，不要有把玩與撥弄的動作　(D)以雙手遞出名片

（請沿虛線撕下）

（　　）8. 對於名片的印製，以下何者較妥？（複選）　（A)單位有名片範例，但為突顯自己讓人印象深刻，可以自己另外設計印製　(B)公務名片上的印製元素，要有單位的商標LOGO等明顯識別的標記　(C)可將所有各領域的頭銜全部印上，一面不夠就加印成折頁　(D)除非是有利於行銷業務等需求，必須隨時方便聯繫，否則行動電話或行動裝置通訊軟體的QR Code（Quick Response Code）不需印上

（　　）9. 如果在某一場合需要遞給多人名片，下列敘述何者較為不妥？（單選）　(A)先由位尊者依序遞上　(B)先遞給主人，再遞給客人　(C)無需口語交流，儘速將一疊名片分送給現場所有人　(D)先給主賓，再給陪賓

（　　）10.對於名片禮儀，以下哪些作法或行為是較不恰當的？（複選）　(A)為了表示個人的學歷不錯，可以把全部個人曾就讀的名校全部印在名片上　(B)主動向女性索取名片　(C)可以主動向高階或知名人士索取名片　(D)會議結束後，把收下的名片遺留在桌上

（　　）11.工作或社交上多有機會收到他人的名片，對於這些名片該如何處理與利用較為妥善？（複選）　(A)收藏在名片簿，依照性質或單位分門別類　(B)留下跟現在工作有關係的名片，其他可全部丟掉　(C)常查閱的名片可優先放在名片簿，其他的收藏在名片盒中備查　(D)名片全部疊在抽屜裡即可

（　　）12.有關名片的使用，在中外歷史上由來以久，以下敘述何者為是？（複選）　(A)西方名片起源，可追溯自17世紀法國的「參訪卡」　(B)名片的歷史可追溯源於中國戰國時代官場拜會　(C)名片，在中國古代稱為「名刺」　(D)中國古代的名片多以竹片或木片製成，遣人送上名片稱之為「投刺」

二、問答題（共 40 分）

1.當與第一次見面的訪賓認識時，以下是所要採取的動作，請依每一行動步驟，簡要寫出應該要注意的要點。

(1) 遞上名片（10 分）
答：

(2) 自我介紹（10 分）
答：

(3) 握手（10 分）
答：

(4) 應對的話語該如何表達（10 分）
答：

國際禮儀完全指南－
讓你輕鬆成為禮儀達人！

班級：_____

得　分

第 8 章　國際通行行禮方式

學號：_____

姓名：_____

一、選擇題（每題 10 分，共 100 分）

（　　）1. 以下哪些行禮方式屬於國際間通用的禮儀？（複選）　(A)起立鼓掌　(B)握手禮　(C)拱手禮　(D)碰鼻禮　(E)擁抱禮

（　　）2. 以下哪一種行禮方式不屬於國際間通用的禮儀？（單選）　(A)握手禮　(B)鞠躬禮　(C)扶手禮　(D)摸腳禮　(E)擁抱禮

（　　）3. 國人常採用的鞠躬禮，以下敘述何者為是？（複選）　(A)鞠躬角度約15度，多用於向平輩、同等位階或同事間使用的行禮方式　(B)鞠躬角度約30度，多用於向貴賓或長輩的行禮方式，以表達尊敬之意　(C)對於國際人士為表示我們的尊崇，在遞上名片時也可以同時行30度的鞠躬禮　(D)行鞠躬禮時眼睛要緊盯著對方

（　　）4. 對於國際禮儀中的行禮方式，下列敘述何者正確？（複選）　(A)屈膝禮為王室女性所行之禮　(B)吻頰禮在歐洲與中南美洲是很常見的行禮方式　(C)擁抱禮在國際間常於雙方見面時展現高興的心情及熱情，因真情流露自然而然產生的行禮方式　(D)持槍禮是專屬軍人的禮節

（　　）5. 在國家重要典禮中，演奏國歌時，在場的政府文職官員應行何種禮？（單選）　(A)舉手禮　(B)拱手禮　(C)扶手禮　(D)握手禮

（　　）6. 對於握手禮，以下敘述哪些正確？（複選）　(A)是國際間最為通行的行禮方式　(B)等長輩主動伸出手，我們才隨之伸出手回禮　(C)主動向女性伸出手握手　(D)地位較高的尊長伸出手，我們才伸出手回禮　(E)跟對方握完手後，立即用手帕擦手

（　　）7. 關於跟對方握手技巧的掌握，以下敘述哪些正確？（複選）　(A)與對方手掌滿握，力道適中　(B)右手握住對方的手掌時，為了更加拉近彼此距離，可用左手順道拍拍對方肩膀　(C)異性間握手，為免誤會，只要輕輕握住對方手指部分即可　(D)與多人握手時，眼睛還是要看著被握的人，才能顯出誠意　(E)初次見面，可一直緊握對手掌並交談

（　　）8. 起立鼓掌致意常見於以下哪些場合與情境？（複選）　(A)單位內最高階長官蒞臨會場時　(B)聆聽一場令人感動的演講結束時　(C)欣賞一場精采的音樂演奏或是戲劇演出結束時　(D)地位崇高的人士到達會場時

（請沿虛線撕下）

（　　）9. 關於拱手禮，以下敘述哪些正確？（複選）　(A)是中國自古就有的行禮方式　(B)因爲可以避免手掌的接觸，現今衛生單位也提倡「拱手不握手」的行禮方式，降低疾病傳染的風險　(C)拱手禮對國外人士也很適用　(D)不受距離的限制，可以作爲遠距離答謝致意的行禮方式

（　　）10. 政府文職官員在各式場合所行的禮，包括以下哪些？（複選）　(A)握手禮　(B)扶手禮　(C)舉手禮　(D)頷首禮　(E)鞠躬禮

班級：＿＿＿＿＿＿

得　分

# 第 9 章　餽贈禮儀

學號：＿＿＿＿＿＿

姓名：＿＿＿＿＿＿

一、選擇題（每題 5 分，共 60 分）

（　　）1. 在何種敏感時機下，不適合送禮給對方？（單選）　(A)雙方公司正準備有買賣
對價關係時　(B)彼此單位簽訂承攬契約時　(C)對方結婚時，依禮俗包個紅包禮
金　(D)自己的公司與對方公司正有資產估價等業務委託時

（　　）2. 關於餽贈禮儀，下列敘述何項最不恰當？（單選）　(A)避免每年都送同樣的禮
品給同樣的人　(B)賀禮的心意最重要，儘量不要包裝，以原始風貌最為恰當
(C)若要送花，須先瞭解花語含意，以免讓人誤解　(D)再忙也要為對方挑選禮
物，以示誠意

（　　）3. 異性之間送禮，儘量避免送以下哪些禮品？（複選）　(A)名貴香水　(B)領帶
(C)琉璃擺飾　(D)戒指項鍊

（　　）4. 商務往來中對禮品的選擇，有哪些須注意的要點？（複選）　(A)對於穆斯林賓
客，不要送酒類與豬肉類加工食品　(B)送給國外人士，最好是本國的名產或在
本地製造的物品，較有意義　(C)送給國外來的賓客，不要選擇太大或易碎的物
品，而造成對方包裹與運送的不便　(D)對於女性，可送香水衣物

（　　）5. 對於公務員的餽贈，有哪些須注意的要點？（複選）　(A)對國內公務員的餽
贈，要符合「公務員廉政倫理規範」的相關規定　(B)送給國外官方人士，要注
意該國對官員的規範，尤其價格高昂的禮品，儘量避免　(C)與對方工作上有權
利義務上的關係（准駁、契約訂定等），要避免送禮　(D)逢年過節為表感謝，
因為是民俗禮儀，送禮沒有關係

（　　）6. 對於送禮的禁忌，下列敘述何者為非？（單選）　(A)對華人贈禮，不要送「時
鐘」、「雨傘」、「刀剪」之類的物品　(B)對華人、日本人送禮，數字上要避
開「4」這個數字　(C)對日本人的贈禮，習慣避偶數而就奇數，尤其不喜「9」
這個數字　(D)對國外人士的餽贈，包裝紙可跟華人的喜好一樣，用大紅色色紙
包裝，更顯喜氣

（　　）7. 對於送禮的時機與分際掌握，下列敘述何者為非？（單選）　(A)多人一起拜訪
主人，不要只有自己送禮，因為這樣會造成其他沒有準備禮品來賓的尷尬　(B)
公務贈禮的選擇，女性不要送男士領帶　(C)長官可以接受部屬的餽贈　(D)彼此
單位之間有權利義務關係發生之際，例如正好在進行審查、承攬工程與准駁，為
了避嫌，最好不要贈禮與收禮

（　　）8. 對於送花祝賀卡片上的題詞落款，下列何者正確？（複選）　(A)祝賀他人升
官：「榮陞誌慶」　(B)祝賀他人結婚：「永浴愛河」　(C)祝賀他人搬遷新居：
「圓滿成功」　(D)祝賀他人書畫展覽會開幕：「大發利市」

（請沿虛線撕下）

（　）9. 因個人情事故就婚喪喜慶而爲之的贈禮，此性質屬於何種餽贈？（單選）　(A)
商務餽贈　(B)公務餽贈　(C)外交餽贈　(D)禮俗餽贈

（　）10.送禮給從國外來的人士，哪些東西最好不要送？（複選）　(A)不易裝箱攜帶回
國的　(B)生鮮蔬果　(C)罐裝臺灣烏龍茶　(D)鳳梨酥

二、問答題（每題 20 分，共 40 分）

1. 請說明禮花有哪些類型，以及各種禮花適用的致贈場合與對象。
   答：

2. 送禮的類型可分爲哪四種？試說明之。
   答：

# 課後評量

班級：_____

學號：_____

姓名：_____

得　分

## 第 10 章　育樂場合禮儀

一、選擇題（每題 10 分，共 100 分）

（　　）1. 你受邀參加某基金會成立30周年慶祝茶會，以下哪些行為不妥？（複選）　(A)任何時間都可到場，但在主人主賓致詞前到場聆聽才是禮貌的行為　(B)時間有限，可以在他人談話時臨時加入談話並自我介紹　(C)離去時要跟主人道別　(D)取用茶點時，左手捧盤順便把飲料杯放於盤上較為方便

（　　）2. 參加音樂會時，以下哪些行為不妥？（複選）　(A)音樂會結束後除了大聲喊「安可」之外，也可以用手指吹出哨聲喝采　(B)親友上臺表演，表演節目結束後可直接至接走上舞台獻花給他(她)　(C)表演精采處直接拿起手機錄影，並可上傳YOUTUBE分享給大家　(D)表演前先索取曲目或節目說明，可以先瞭解表演內容及章節安排，可以幫助自己欣賞時更快進入狀況

（　　）3. 依據美國知名的解說專家提爾頓(Freeman Tilden)所提出導覽解說有6大原則，不包含以下何者？（單選）　(A)啓發性　(B)分齡性　(C)藝術性　(D)詳細性

（　　）4. 有關導覽解說的技巧，「耕種的面積大約是50個足球場那麼大」這種敘述是屬於哪一種解說技巧？（單選）　(A)時空想像法　(B)最大最小法　(C)相互比喻法　(D)數字換算法

（　　）5. 作為一個導覽解說人員所應注意到的禮儀，以下何者為是？（複選）　(A)對於沒有注意聽解說的團員，應大聲提醒其注意聆聽　(B)注意聽眾的眼光，並保持一定的語速　(C)注意文化差異，不要拿宗教或種族當成開玩笑的話題　(D)搭配時事話題並可加入自己的個人意見來評論

（　　）6. 在參觀博物館時，以下哪些行為不妥？（複選）　(A)打起相機或手機使用閃光燈補光拍照　(B)讓孩童自由奔跑或嬉戲笑鬧　(C)不跨越觀賞標示線仔細欣賞畫作　(D)高聲交談評論藝術品　(E)以手觸摸雕塑品以感受製作材質與紋路

（　　）7. 在享受溫泉入池之前，有哪些動作必須注意？（複選）　(A)先沖洗身體　(B)先喝酒暖身　(C)飽食之後不可入池　(D)長髮要先綁好盤起　(E)戒指耳環等小首飾先取下收妥

（　　）8. 與朋友一同去看電影時，下列哪種行為符合禮儀？（複選）　(A)在電影放映時打開手機回訊息　(B)在電影放映時與朋友高聲討論劇情　(C)在電影放映前將手機關機或調為靜音　(D)電影結束後將垃圾留在座位上

（　　）9. 參加舞會時，哪些行為符合禮儀？（複選）　(A)看當天心情決定穿著　(B)要等主人或主賓開舞後再進入舞池跳舞　(C)拒絕來自他人的邀舞　(D)共舞結束後要互相行禮以表感謝

(　　)10.有關日本的泡湯禮儀，下列何者錯誤？（單選）　(A)毛巾不可泡入浴池中　(B)穿著泳衣進入浴池　(C)不長時間盯著他人身體或指指點點　(D)有紋身者要先確認浴場的規定

國際禮儀完全指南－
讓你輕鬆成為禮儀達人！

班級：＿＿＿＿＿＿　　　得　分

第 11 章　文書禮儀

學號：＿＿＿＿＿＿

姓名：＿＿＿＿＿＿

一、選擇題（每題 6 分，共 60 分）

（　　）1. 商業文書的種類包括下列哪些？（複選）　　(A)公務信函　(B)新聞宣傳文書
(C)契約法律文書　(D)禮儀文書

（　　）2. 禮儀文書不包括以下哪一項？（單選）　　(A)請帖　(B)獎狀　(C)活動說明書
(D)感謝函

（　　）3. 撰擬商業信函禮儀的要點，包括以下哪些內容？（複選）　　(A)文書務求翔實與
精確　(B)不可堆砌文字、賣弄辭藻　(C)使用正確的稱謂　(D)人事實地物等敘述
要件，都要明確清楚，不留讓人誤解的空間

（　　）4. 公文本文的撰擬，基本上有哪些結構？（複選）　　(A)主旨　(B)說明　(C)辦法
(D)附件　(E)建議

（　　）5. 對於公務信函而言，以下敘述何者為非？（單選）　　(A)可以包括：公函、個人
職務之署名函、商務傳真函，以及電子信件　(B)以個人名義發出者，就是「箋
函」　(C)以機關單位名義發出者，就是公函　(D)以箋函形式發出者，最後蓋印
的是公司名稱的戳章

（　　）6. 撰擬公文一般而言有哪些基本要求？（複選）　　(A)內容正確　(B)結構完整　(C)
引經據典　(D)敘事清晰　(E)簡潔扼要

（　　）7. 對於工作上電子郵件的撰擬與使用，下列何項不正確？（單選）　　(A)在信件主
旨上要開門見山的清楚寫明事由　(B)精簡說明內容，不要反覆鋪陳　(C)要注意
附加的檔案是否過大，導致收信困難　(D)電子郵件從按了寄出鍵之後，就算是
通知到對方

（　　）8. 對於商業文書的撰擬，以下哪些正確？（複選）　　(A)商業書信的基本要求，就
是「避免錯誤」或者是「不當用語」　(B)文書務求詳實與精確　(C)受文者如果
是一般民眾，遣詞用句仍應文雅且引經據典　(D)文書撰擬的過程，都需要經過
單位主管審核的程序，核定後才能對外發文

（　　）9. 禮儀文書包括以下哪些項目？（複選）　　(A)請帖　(B)獎狀　(C)介紹信　(D)感
謝函

（　　）10.撰擬商業信函禮儀的要點，以下哪些要點正確？（複選）　　(A)文書務求詳實與
精確　(B)引經據典，用詞華麗典雅　(C)使用正確的稱謂　(D)稱謂、地名與名詞
皆用簡稱或縮寫，務求精簡

（請沿虛線撕下）

二、問答題（每題 20 分，共 40 分）

1. 商業信函禮儀的要點有哪幾項？至少寫出 5 點。
   答：

2. 在商務上有關撰寫與收發電子信的禮儀要點為何？至少寫出 5 點。
   答：

# 課後評量

國際禮儀完全指南－
讓你輕鬆成為禮儀達人！

班級：_____

學號：_____

姓名：_____

得　分

## 第 12 章　公務拜訪與會見禮儀

一、選擇題（每題 6 分，共 60 分）

（　　）1. 國際間的往來互動頻繁，有關會見禮儀，所要秉持的基本的精神爲何？（複選）
(A)平等　(B)互惠　(C)競爭　(D)平衡

（　　）2. 國際會見就禮儀的角度與會見性質，可包含以下哪些？（複選）　(A)禮貌性拜會　(B)接見　(C)正式會談　(D)辭行拜會　　(E)專訪

（　　）3. 關於國際會見，下列名詞解釋何者正確？（單選）　(A)「會見」指的是階層低的見階層高的人士稱之　(B)「晉見」指的是階層高的見階層低的人士稱之　(C)「會見」指的是階層相同的人士見面稱之　(D)「接見」指的是階層低的見階層高的人士稱之

（　　）4. 對於會見與拜訪的禮儀，以下何者正確？（單選）　(A)跟對方約在週六或週日是可以的　(B)剛好經過對方公司，還有一些空餘時間，就順道去拜訪一下　(C)商務拜訪，一定要提前約定時間，並尊重對方的決定　(D)因爲我方時間緊湊，所以希望在中午12時到對方公司見面

（　　）5. 對於見面迎接的禮儀，以下何項敘述不正確？（單選）　(A)主賓與主人的地位相當，主人要親自到公司或單位的大門口等待並迎接　(B)主賓地位小於主人，主人在主賓於會客室坐定後，約定時間到了才出現　(C)主賓地位大於主人，主人要親自到單位正大門等候或迎於對方下車處　(D)主賓與主人的地位相當，主人提前到會客室門口迎接

（　　）6. 對於會客室座位的安排禮儀，以下敘述哪些是正確的？（複選）　(A)秉持主人右方爲尊的原則　(B)如果與外賓見面會談，需要翻譯居間傳譯，翻譯人員的座位要在主人與主賓中間茶几的後方較妥　(C)會見奉茶的禮儀，是當賓客入座後，依照位階先從高至低依序端上　(D)與外賓會見如果要放置國旗，賓主之間茶几上小國旗的位置，右方爲來賓國旗，左方爲我國國旗（左右方是以當事人的角度）　(E)與外賓會見如果要放置國旗，賓主之間後方立架式大型國旗的位置，右方爲來賓國旗，左方爲我國國旗（左右方是以當事人的角度）

（　　）7. 對方表達想要與我方會談見面，如果我方答應後，對於安排我方出席的人員，有哪些原則與辦理方法？（複選）　(A)先跟對方索取來訪名單　(B)根據對方名單的位階，來決定我方參加會見的層級高低　(C)如果我方人員對此場會見感到極有興趣，可以自己報名參加　(D)根據對方此次拜訪的目的性質，來決定我方跟會談主旨有關業務的人員共同參與

（請沿虛線撕下）

（　　）8. 對於拜訪會談的時間禮儀，下列敘述何者為非？（單選）　(A)跟對方洽商拜會如獲得同意，要先瞭解有多少時間可以會談　(B)依照約定拜訪時間抵達，千萬不要遲到　(C)抵達的時間，依實務可以稍微提前一點，但是也不要太早到，以免對方措手不及，造成接待上的困擾　(D)因為會談中的討論熱絡，所以來訪者可以放心繼續對談，超過預定時間也沒關係

（　　）9. 關於國際會見，下列名詞解釋，何者正確？（單選）　(A)「會見」指的是彼此間階層低的見階層高的人士　(B)「晉見」指的是彼此間階層高的見階層低的人士　(C)「拜見」是指階層低者前去見高階者　(D)「接見」指的是階層低的見階層高的人士

（　　）10. 對於會見與拜訪的禮儀，以下何者欠妥？（單選）　(A)跟對方約不要在在週六、週日或國定假日　(B)剛好經過對方公司，剛好還有一些空餘時間，就順道去拜訪一下　(C)商務拜訪，一定要提前約定時間，並尊重對方的決定　(D)不要與對方約定中午12時或傍晚快下班時，到對方公司見面

二、問答題（每題 20 分，共 40 分）

1. 請簡要描述會見結束後，賓主如何遵守會見禮儀送別行動原則？
答：

2. 依照本章對會見工作的前置作業，雙方對口依「人、事、時、地、物」5 大要素，進行確定相關安排細節，請依此 5 大檢核要素，分項簡要說明其內容。
答：

國際禮儀完全指南－
讓你輕鬆成為禮儀達人！

第 13 章　會議禮儀

班級：＿＿＿＿＿＿

學號：＿＿＿＿＿＿

姓名：＿＿＿＿＿＿

得　分

一、選擇題（每題 6 分，共 60 分）

（　　）1. 對於會議的類型，以下敘述哪些正確？（複選）　(A)可以分為「諮詢型會議」及「審議型會議」　(B)諮詢型會議主要是對於計畫案與作品提出意見　(C)審議型會議目的在集思廣益與徵詢意見　(D)審議型會議是對於提案與企劃案提出意見或進行審查

（　　）2. 會議主席的責任與義務，以下何者為非？（單選）　(A)依據會議流程掌握程序　(B)掌握會議氣氛與節奏　(C)可直接否決出席人員提案　(D)負責維持會議秩序

（　　）3. 關於會議實務中的「附屬動議」優先次序，下列敘述何者正確？（單選）　(A)「擱置動議」優先於「散會動議」　(B)「修正動議」優先於「停止討論」　(C)「付委動議」優先於「休息動議」　(D)「散會動議」優先於「休息動議」

（　　）4. 關於會議表決的敘述，以下哪些正確？（複選）　(A)表決可以透過如舉手、起立等不同表達方式進行　(B)通過表決的人數，稱為「表決額」，依例大部分為「多數決」　(C)遇到雙方表決票數相同，主席也不可以加入表決　(D)對表決結果有疑義，可以提出「權宜問題」

（　　）5. 作為會議記錄人員，會議紀錄有哪些撰寫要點？（複選）　(A)注意聆聽以擷取要點　(B)非正式提案或發言不列入紀錄　(C)會議紀錄必須一字不漏　(D)記錄者要立場中立

（　　）6. 有關會議中司儀的工作，以下敘述哪些正確？（複選）　(A)掌控會場流程的順暢，是工作的首要任務　(B)要運用適當敬語謙語的口語表達　(C)司儀可以取代主席的角色　(D)司儀是扮演會議程序「監督者」、「提醒者」與「掌握者」的角色

（　　）7. 對於參加會議的禮儀，哪些行為不恰當？（複選）　(A)會議進行討論中，有人卻不斷交頭接耳、竊竊私語，對會議造成干擾　(B)發言時喋喋不休，甚至壟斷發言　(C)會議進行中不斷接聽行動電話，影響他人聆聽發言意見　(D)對於提議的表決，認為因果關係有問題，立即向主席提出權宜問題　(E)對他人提出的意見不認同，現場大聲反駁

（　　）8. 對於會議的類型，以下何敘述為非？（單選）　(A)可以分為「諮詢型會議」及「審議型會議」　(B)諮詢型會議目的在集思廣益與徵詢意見　(C)審議型會議主要是對於計畫案與作品提出意見　(D)諮詢型會議目的在准駁申請案的結果

（　　）9. 會議主席的責任與義務，以下何者為是？（複選）　(A)依據會議流程掌握程序　(B)掌握會議氣氛與節奏　(C)可直接否決出席人員提案　(D)負責維持會議秩序

（請沿虛線撕下）

（　　）10.關於會議表決的敘述，以下何者為非？（單選）　（A)對於「時間」的表決優先於「數字」的表決　(B)通過表決的人數，稱為「表決額」，依例大部分為「多數決」　(C)遇到雙方表決票數相同，主席可以加入表決　(D)對表決結果有疑義，可以提出「程序問題」

二、問答題（每題 20 分，共 40 分）

1. 在參加會議之前，有哪些需要注意的禮儀要點，請說明之。

　答：

2. 在會議進行中，有哪些需要注意的禮儀要點，請說明之。

　答：

國際禮儀完全指南－
讓你輕鬆成為禮儀達人！

班級：＿＿＿＿＿＿

得　分

學號：＿＿＿＿＿＿

# 第 14 章　面試禮儀

姓名：＿＿＿＿＿＿

一、選擇題（每題 10 分，共 100 分）

（　　）1. 對於男性面試的儀容禮儀，以下敘述哪些為是？（複選）　(A)頭髮要梳理整齊，額頭處勿有垂至眼部的髮流　(B)鬍鬚要剃乾淨　(C)如穿襯衫，要先熨燙勿有皺折　(D)可噴灑濃厚香水或古龍水（Eau de Cologne），以遮掩體味

（　　）2. 男性的面試服裝選擇穿著，以下哪些較不妥？（複選）　(A)如穿西裝，以深色為主，布料色澤勿有亮面反光　(B)穿著皮鞋可搭配白色襪子　(C)應徵行政文職人員的工作，可穿牛仔褲去面試　(D)可穿球鞋去面試

（　　）3. 女性的面試服裝選擇穿著，以下哪些較不妥？（複選）　(A)如穿裙裝，最好要穿著絲襪，尤以膚色絲襪為佳　(B)穿著洋裝並小露香肩　(C)穿著素雅、簡潔與大方為要　(D)夏天天氣炎熱，直接穿著露出腳趾的涼鞋去面試

（　　）4. 對於女性面試的儀容與妝扮禮儀，以下哪些敘述較為恰當？（複選）　(A)小件的配飾以不超過 3 件為原則，且不要用會搖晃的墜飾　(B)頭髮的形式，要搭配應徵工作的性質　(C)為增添個人吸引力，可使用長假睫毛，並畫拉長上挑眼線　(D)保養面容皮膚，略施淡妝即可

（　　）5. 面試現場的眼光神色與表情，要注意以下哪些要點？（複選）　(A)眼睛不要看著地板或天花板，要看著主考官　(B)或許緊張，但也不要忘記笑容　(C)可用許多的肢體動作，如握拳、托腮、搖手等，讓主考官印象深刻　(D)眼睛或許不用緊盯著面試官，可用注視對方額頭或鼻子部位的方式，減少自己與對方眼光交會的尷尬與緊張

（　　）6. 面試時的口語表達，要注意以下哪些要點？（複選）　(A)回答音量要大小適中　(B)講話速度不要過快，咬字務求清晰　(C)減少許多不必要的發語詞與口頭禪，這在求職之前就要多加演練與準備　(D)回答問題中英文夾雜，以表現自己不錯的外文程度

（　　）7. 面試時的表達內容，要注意以下哪些要點？（複選）　(A)儘量用條列式方式回答　(B)要表達應徵這個工作，對自己是很好的學習機會　(C)不要只回答「是」、「對」等一句式的回答，至少要講些簡潔的描述與說明　(D)回答問題要具體，例如：「在之前的工作負責進行銷售流程改善專案，成功的在某年一季中，節省了約15%的成本」，而並非只講「我對銷售很有成績」的空泛形容

（　　）8. 面試禮儀與態度的禁忌，下列哪些行為不甚恰當？（複選）　(A)批評前一份工作的公司或主管　(B)主動透露前一份工作的業務機密　(C)為求錄取，在面試時對詢問的問題回答有所隱瞞　(D)拒絕透露給主考官對於前一份工作公司內部相關工作業務機密的詢問

（　）9. 面試結束與結束後，以下哪些選項較為正確與適當？（複選）　(A)面試結束，再次感謝面試官的給予機會　(B)結束起身，動作與走路仍有自信　(C)回去後過幾天趕快打電話問面試結果　(D)再次與此次應徵工作的推薦人表達感謝之意，應徵的單位對自己如有興趣，也許會聯絡推薦人深入瞭解也說不定

（　）10.對於增加面試的成功機會，你可以加強哪些工作與準備？（複選）　(A)搜尋網路瞭解應徵單位的業務性質與工作內容　(B)向認識的職員請教工作內容與公司文化與要求　(C)模擬口試題目並試著如何答詢，利用時間多加練習　(D)再次整理並寫下自己以往的實際成績，對應所應徵工作所需要的人才，藉此突顯自己的獨特價值

# 課後評量

國際禮儀完全指南－
讓你輕鬆成為禮儀達人！

班級：＿＿＿＿＿＿＿　　　　得　分

第 15 章　會展與服務接待禮儀

學號：＿＿＿＿＿＿＿

姓名：＿＿＿＿＿＿＿

一、選擇題（每題 6 分，共 60 分）

（　　）1. 國際禮儀知能對「會展產業」的運用，下列何者為是？（複選）　　(A)所有會展活動牽涉到與來自世界各國人士的交流活動，懂得國際禮儀才能與之應對合宜　(B)國際接待工作的專業能力，就是要具有基本的國際禮儀的素養　(C)所有會展活動的規劃與安排，必須本於國際禮儀的原則與規範來進行　(D)國際禮儀的放在實務工作上就是禮賓服務，這剛好是會展產業的核心工作內容

（　　）2. 「會展產業」的內容，包括以下哪些項目？（複選）　　(A)一般會議　(B)獎勵旅遊　(C)大型會議　(D)展覽

（　　）3. 「會展產業」因為哪些原因，跟國際禮儀知能與專業禮賓工作有密切的關係？（複選）　　(A)會展產業迎接來自各國參展與會議貴賓，要懂得國際禮儀，才能做好接待工作　(B)會展活動基本上非常需要高強度的「人員服務」，尤其是「禮儀事務人員」　(C)對於活動策劃的考量，以及接待人員的工作執行，就是進階與專業的禮儀事務工作　(D)會展活動一連串的節目例如會議、餐會、接待等工作，就是禮賓工作的核心目標

（　　）4. 會展接待人員的工作特性，以下敘述哪些正確？（複選）　　(A)工作人員都要有同樣要求標準的團隊形象管理與塑造　(B)會展接待人員的徵選，外貌美麗、帥氣與否，是首要決定因素　(C)要具有服務熱誠　(D)人格特質上要具有耐心且能有臨機應變的能力

（　　）5. 會展工作中以人員擔任的接待與引導工作，可分成哪兩種接待方式？（複選）　　(A)口頭說明引導　(B)動態引導　(C)遞交平面圖方式　(D)靜態引導

（　　）6. 接待人員引導的位置與要訣，以下哪些正確？（複選）　　(A)留意訪客走路速度，適時調整步伐　(B)引導人員跟隨在訪客後方，要轉彎時再以口語提醒　(C)基於安全理由，上樓時接待人員在賓客後方跟隨；下樓時，接待人員在賓客前方　(D)引導人員與客人的適當距離，應該要根據引導賓客的人數而定。如果人少，距離可拉近一些，如果是團體抵達，距離可拉遠一點

（　　）7. 對於會展活動禮賓人員的工作要求，要注意以下哪些要點？（複選）　　(A)要先熟悉動線，瞭解各個場地的位置所在　(B)要充分瞭解接待的對象為何，尤其是要知道有哪些重要貴賓　(C)在報到檯貴賓接待處，除了是工作人員配置的重鎮，誰要負責做哪些事情，分工也要明確　(D)禮賓工作就是對人的高度禮儀工作，假如現場賓客有任何詢問與要求，假使無法馬上回答與解決，一定要儘速向工作主管回報與反應，不可置之不理

（　　）8. 「人工智慧」（Artificial Intelligence, A.I.）的發展與應用已是無法停止的趨勢，但是「禮儀禮賓服務工作」不會被 A.I. 取代，其理由為何？（複選）　(A)禮賓工作是一種人性化的工作　(B)禮儀知識與人際互動隨時變化，沒有一定答案，人類可察言觀色與心神領會，這是 A.I. 所無法理解的　(C)禮儀服務工作，正是對人的工作，特性是臨機應變並高度突顯人的價值　(D)貼心溫暖有感的服務，有著無法被 A.I. 替代的穩固地位

（　　）9. 會展產業對於國家經濟的重要性，以下何者描述錯誤？（單選）　(A)能夠吸引各國各項產業到我國來舉辦展覽、會議與旅遊觀光的活動，可以帶動相關消費的增加　(B)臺灣居於東亞地理位置的樞紐，對國際間的會展舉辦具有其競爭優勢　(C)會展產業只對交通、旅宿與餐飲業有幫助　(D)會展產業的蓬勃可增加就業機會

（　　）10.會展工作中以人員擔任的接待與引導工作方式，以下何者為非？（複選）　(A)口頭說明引導　(B)動態引導　(C)直接遞交平面圖　(D)靜態引導

二、問答題（每題 20 分，共 40 分）

1. 從事會展活動、客戶服務等工作中，如果必須回絕對方的要求，請問如何婉轉而有效的拒絕？請就「拒絕禮儀」的觀點申論之。
   答：

2. 在一場會展活動中的時段，可分「前」、「中」、「後」三個區段，就禮賓接待工作而言，三個時間區間都有其技巧性的工作分配與因應之道。如果你是負責現場接待工作的組長，請就此三個時段的工作要點，向你的接待組員提醒。請分項要點說明之。
   答：